我到人间只此回

绝代民国剩女吕碧城

一翎 著

ZHEJIANG UNIVERSITY PRESS
浙江大学出版社

序章

护首探花亦可哀，平生功绩忍重埋。

匆匆说法谈经后，我到人间只此回。

从悲苦中崛起，如花美眷，才情横溢；

从挑战中胜出，红颜主笔，冠盖京华；

从激流中勇退，笑傲商场，求财有道。

宁与爱情擦肩而过，也不要爱得残山剩水；

于乱世中游刃有余，于风月中卓然凛立；

踏遍千山万水，任风月无边，独步天下。

吕碧城，不做男人的点缀，自强不息，活出自我。

时而，如星光月华般静美；

时而，如骄阳焰火般明媚。

沉静的时候，才思如水，万籁俱寂；

热烈的时候，纵情挥洒，天地归心；

做自己的主宰，让自己幸福。

吕碧城，一路追随着理想和光明，向自己梦想的方向奔跑。

异彩纷呈的人生是一场场博弈，

有人平淡无奇地老去，也有人波澜壮阔地崛起；

有人在庸碌中郁郁终老，也有人在充实中芳名永驻。

流年如梦，输赢成败。

赢了自己，便是赢了天下。

修身养性，知事于前，了然于胸，万物随心，皆为我用！

吕碧城，取舍有道，从容不迫，总能让自己活得生机盎然。

无论是做钟灵毓秀的女子、明眸醒世的红颜，

还是兰心慧质的织梦人、悟道修禅的智者，

吕碧城，都能让生命艳如夏花，轰轰烈烈地绽放，热闹而唯美
地谱写属于自己的盛世繁华！

目录

无限时恨消樽里

寒意透云帱，宝篆烟浮。

夜深听雨小红楼。

姹紫嫣红零落否？

人替花愁。

临远怕凝眸，草腻波柔。

隔帘咫尺是西洲。

来日送春兼送别，

花替人愁。

一章　无限时恨消樽里

小女碧城

晨观朝霞，暮赏落日，春风回雪，似水流年……

那条路，蜿蜒在岁月的长河里，也曾衰草枯杨，也曾繁花似锦，千年共月，日日更新。那个宅子，不知何时建起，由新到旧，又由旧翻新，每一次修葺都载着悲喜。宅子里的人，来了去了，聚了散了，一拨又一拨，当真是你方唱罢我登场。

不知所为何来，亦不知所为何去，迷迷茫茫循规蹈矩地生生死死，随着朝代的更替换换衣服，在各式的繁文缛节里嬉笑怒骂，活得平凡而庸碌，少有人死后留名。

那路，那宅子，也便湮没在红尘俗世里，名不见经传。

缘来则去，缘聚则散，缘起则生，缘落则灭。佛说：一切皆是虚幻。 佛说：刹那便是永恒。

清光绪九年。

一个寻常的夏日天，那宅子里的妇人怀胎十月，生下一个粉妆玉砌般的女孩，她转动着漆黑的瞳仁，好奇地打量了一下四周，便用清脆嘹亮的啼哭宣告，接下的世界属于她。

正是满城柳绿浓阴的时节，放眼望去，到处堆青叠翠，生命的律动肆意妄为。 父亲吕凤岐灵犀一念，含笑赐名，碧城。

"碧城十二曲阑干，犀辟尘埃玉辟寒。"（李商隐诗）碧霞为城，重叠辉映，仙子之城生仙子。

每个仙子原本心无杂尘，即使大声啼哭，也不见眼泪。 你若仔细留神过，就知道那初生婴孩的哭啼多是饥饿、邀宠的表达，绝无真正伤心那样的涕泪交流，只是在人间烟火里熏染了百日后，初识了人情冷暖，有了依恋，懂了爱憎，才会尝到泪水的苦涩。

这时的碧城，如所有寻常人家的女孩一样，为饥饱悲喜，终日无所用心。 日后的家道中落、人生坎坷此时皆如空中楼阁，虚无缥缈而难以预料，她只管吃喝拉撒，睡睡醒醒，单纯地活着、成长着，无论风清月朗，还是浊浪排空，她都可以心无旁骛地瞪圆了纯净的眼眸，或哭或笑，只问此心。

初生的小女孩，就这样渐渐长大，满城的春柳在肃杀的秋风里转黄、凋零，又在乍暖还寒的春风中吐绿还荫，吕碧城会哭了，品味了眼泪的咸涩，便日复一日地懂得了饥饱之外的种种。

院子里的花有开有谢，艳光四溢的时节，她流连于花丛，会忽而痴痴站定，迷醉地看花蝶交映，那份发自心底的悸动，让她清净的黑眸闪闪发亮，她指着那花、那蝶急于表达心中的惊喜，便不由发出声声咿呀；有雨或有雪落下的某天，她会站在檐前，用小手接起滴落的雨或飘飞的雪，细细端凝，感受那份沁凉由掌心传递到心间……就这样，缓慢而又疾速地，她从混沌未开的婴孩变为清朗明白的幼女，分清了四季，懂得了好恶，又渐能分辨是非，单纯的心如洁白的纸扉，开始日复一日地着色，慢慢丰富多彩起来……

一个孩子拥有一个美好的童年是一份幸运。

可是，如何算是美好的童年，这缺少一个评判的标准。若是一味安逸快乐，少有疾苦的磨砺，性格难免会软弱单纯，从长远看，算不得好事；反过来，自小饱尝艰辛，虽然能培养出坚韧的个性，但这无奈与命运抗争时的怨怼，足以让幼小的心灵过早地留下难以愈合的创伤，那伤痛会年深日久地疼，即使日后锦衣玉食，那疼还是会时时泛起，影响深远……

原来，人之初，便难以圆满。

如果可以选择，安逸顺达是首选，只是，这就如同月有阴晴圆缺，全然不以个人意志为转移。命运，似乎真在冥冥之中主宰着一切，由不得人。

何况，幸与不幸，没有一定之规。

年幼的吕碧城生于富庶的书香门第，无疑是幸运的。可几年后，祖荫不佑，家道中落，种种磨难接踵而至，回头看，这样的家世便成了祸根所伏之本，无疑又算是不幸的。

暂且只看眼前吧。

花开花落，云卷云舒，岁月静好，有个名叫碧城的小女孩长大了……

才艺双馨

时光最具神奇魔力，前时走路跌跌撞撞的幼儿会跑会跳了，口齿不清的咿呀也变成悦耳的童音，能表情达意，能嬉笑怒骂，成长的过程日新月异，充满惊喜。

幼年的吕碧城得天独厚，童颜雅逸、聪颖早慧。父亲吕凤岐把她视若掌上明珠，终日诲教不倦，盘抱膝上，悉心照料。

吕碧城的童年时光就在父爱中无忧无虑地流逝着，父亲重视启蒙早教，早早引领吕碧城学字作画、刻字篆文、习练音律，小女碧城锦心灵通，悉得真传，很快能工诗文、善丹青、会治印、能歌舞，名声渐起。

《伤仲永》里的仲永，5 岁能诗，指物作诗立就，以至乡邻惊异，甚至不惜重金求诗，仲永的父亲认为有利可图，每天拉着仲永四处作诗赚钱，结果，把一个早慧的天才毁为平庸之辈。而吕凤岐是明智的，他督促女儿碧城自小要懂得循序渐进、学无止境的道理，不可有炫耀之心。

在父亲的影响和教导下，吕碧城勤学上进，博闻强记，家中藏书 3 万卷余她多有涉猎，饱受诗书熏染，小小年纪就可以出口成章，羡煞旁人。

天生丽质辅以后天琴棋书画的熏染，让吕碧城越发气质超然，灵气四溢。父亲虽然爱极，却并不溺宠。诗书礼仪，越发严加教化，一如雕金砌玉般用心。

吕碧城渐渐才艺双馨，由一个只会咿呀的襁褓婴儿，长成了人见人爱的小女孩，七八岁的光景，凝脂般的小脸上镶着黑亮的眸子，精灵般汲取着天地间的精华。一颦一笑间，似水流年，春夏秋冬转瞬又轮回。几年间，小小的碧城俨然已具大家风范，举手投足都令人悦目赏心。

儿时的光景，在吕碧城，是这般充实、单纯而快乐；可是，成长会带来伤感，且这伤感将随着年龄的递增有增无减。初始，她只是在采花追蝶里肆意玩耍，慢慢地，她会安静下来，长久地凝眸，看花怎样轰轰烈烈地绽放，又怎样七零八落地凋谢，心有所感，有忧伤的云雾在她晴好的心空浮荡，她的诗句里，开始有了轻嗟浅叹。

原来，这世间的风景再美好，也有黯淡的时候；原来，这人间的欢聚再热闹，也有冷场的时候；原来，这眼前的时光再充裕，也有消逝的时候……

春夏秋冬可以周而复始，可花谢了，再开的，却已经不是那朵。

每个人，似乎就是在这世上正开着或将凋谢的花，花时有长有短，花色有浓有淡，各自绽放着属于自己的颜色，散发着独特的味道，共同经历着世间的风花雪月，演绎各自的风情。花时过了，便一朵朵地谢了，即使那枝头再有旁逸斜出的新的花，却已经是别人的故事了。

生世，原来是有生有死，异常短暂而珍贵的。

那么，这样的生世里，该怎样度过才是最好、最正确的呢？

吕碧城擎蹙花前，在淡淡的感伤里费劲地想。

"做你想做的事，做自己希望做的人。"一天，父亲沉吟良久，看着女儿的眼睛，神色凝重地说。

听似很简单的事，却少有人能做得到。大多时候，我们都无法随心所欲，我们需要顾及的太多，生存的压力让我们不得不委曲求全，做我们不喜欢做的事，说言不由衷的话，违心做人……

父亲官宦一生，如履薄冰，忍辱负重，靠着左右逢源赢得一时功名，难以轻松自在，时常感到身心俱疲，于是就希望自己的女儿能在这世上称心如意地活着，不为浮名所累，不为欲望所虏，不为俗事所缚，不为情爱所伤。

"嗯！"碧城眉开眼笑，做自己喜欢做的事，多好！

她喜欢画画、写诗，喜欢玩耍和胡思乱想，长大后，她要做自己想做的事，任何时候都不委屈自己！那时，她尚单纯，以为这是一件再容易不过的事了。

因为兴趣浓厚，碧城才艺精进。12岁时，她已经可以妙笔生花，画画得形神皆备，诗作得行云流水，造诣颇深。

一天，雨过天晴，她站在檐廊下，看到假山环绕的池沼里，碧绿的荷叶团团簇簇，盛放着晶莹的雨珠，盈盈动动，妙趣天成。花骨儿已含苞待放，亭亭地凌波出水，似有暗香浮动。吕碧城正举着墨笔构思画意，微风轻过，花摇影动，木兰花瓣翩然飘落，正落到她案前纯白的宣纸上……凝神间，她诧异地看那白玉般的花瓣上一只黑色的小蚁，慌慌张张地爬下来，跌进纸上的墨痕，打了个滚儿，奋力起身，勤勤恳恳地在宣纸上来来回回，留下丝丝缕缕的墨线，如浮云薄雾，似轻风流雪。

吕碧城不由莞尔，脑际灵光一闪，便提笔写下：

横塘未到花时节，暗香已先浮动。绀袂飘烟，绿房迎晓，游旎风光谁共？田田满种。正雨过如珠，翠盘轻捧。鸳侣同盟，相逢倾盖倍情重……

笔走游龙，一挥而就间，诗意盎然、回肠荡气，纸上墨字蜿蜒成韵，意境天成。身后旁观的父亲不由惊赞："好字，好画，好词！"

心下慰藉，父亲凝视女儿画作良久，只觉诗画相得益彰，诗韵余香绕口，反复吟读，一时爱不释手，有好友樊增祥到访，一时欣悦，便忍不住拿出来与他共赏。

樊增祥大感惊异，对吕碧城不由刮目相看。

祸不单行

树欲静而风不止,当平静的人生不为人知地酝酿灾祸,然后突如其来的时候,谁又能安之若素?

"妾发初覆额,折花门前剧。郎骑竹马来,绕床弄青梅……"儿时无邪,即使受了早教多看了些诗词歌赋,把那些情长意短的句子熟读成诵,到底纸上得来终是浅。

看他在对面蹦蹦跳跳,嬉笑怒骂一派天真,吕碧城怎么也不曾想到,这个小男孩会和自己有什么玩伴之外的干系。他姓汪,是邻家乡绅的儿子,年长碧城两岁,长得虎头虎脑,成天吆五喝六地玩闹,心无城府的样子。

她时常和他在一起玩耍,过家家、玩石子、拍泥巴、编花环……那一丝一缕的浓情蜜意,原以为只不过是童年记忆里的插曲,会被很快忘记。可那天,他家竟然请了媒人,喜气洋洋地上门提亲,父亲也欣然应允了!

此时,碧城不过9岁。朦胧的,她对婚嫁的事还是一知半解,一切都由父亲做主,而父亲又是爱她的,似乎这件事也没什么不好,反正大家都是这样的,小小年纪就有了婚配,虽然只是订婚,不过也明确了归属,她是他的未婚妻了,如果没什么意外,她和他以后要结婚生子,然后像所有夫妻那样,在吵吵闹闹中过凡夫俗子的生活。

大家熟得很,他看起来也还精神,虽然暂时看不出有什么过人之处,但既然父亲同意了,碧城也默认了,反正成婚还远着呢。大家再在一起玩闹也是理所当然的事了,不用再忌讳男女有别,这似乎是件好事。

只是,再玩过家家,他对她主人般大呼小叫,她心里既有些别扭又有些欢喜,原本无所用心的游戏,莫名地让她新奇而憧憬。

他大大咧咧来拉她的手,她任他拉着,他说去哪儿,她就跟着,他少年老成地看着她,眉梢眼底都是喜色,他说以后怎样怎样,她都以为无可置疑。

路是铺好的,往前走就是了。所有的人都曾这样以为。

可惜,铺好的路也会出状况,随便一个理由就能让人找不着方向!

转眼四年过去了,碧城13岁,他15岁,都已不再是垂髫小儿,对

情事的懵懂也渐至明朗,眼见着婚嫁将近,碧城惴惴不安又满怀
期待。

不想,父亲在这时生病了。病来如山倒,不过几个月,前时精神
矍铄的父亲就奄奄一息,大有去势。家里的顶梁柱倒了,一大家子人
顿时乱了套。

吕家没有子嗣,几个女儿分属各房妻妾,这会儿一看情势不结,
纷纷明争暗斗,算计起家产来。家有不和外人欺,族人们一看昔日令
他们眼红的吕家风雨飘摇、有利可图,全都穷凶极恶起来,为侵占吕
家的家产不择手段。

内忧外患当前,吕家曾有的繁华盛世如海市蜃楼般虚空下来。
碧城的母亲严氏六神无主,痴盼病重的丈夫能药到病除,可惜吕凤
岐日薄西山,越发不济了。

家里鸡飞狗跳、乌烟瘴气,外人虎视眈眈、旁敲侧击,一直如温室
般花朵的吕碧城也茫然不知所措。她照顾着形销骨立的父亲和终日
以泪洗面的母亲,仍然无法预料接下来会发生什么。

深秋时节,父亲吕凤岐终于咽下了最后一口气,撒手人寰。

子欲养而亲不待,还没等吕碧城从这样的噩耗中回过神来,早已
急不可耐的族人们如狼似虎地冲进门来,伙同匪徒强行幽禁了母亲
严氏,把吕家上下抢了个精光!

吕碧城虽然侥幸逃脱,但噩梦般的现实,毫不留情地摧毁了她原
本平静而幸福的生活。

族人们贪得无厌，瓜分霸占了吕家的财产，却并不打算放了母亲，他们无耻地住进了吕家的大宅子里，享受着前时让他们羡慕嫉妒恨的一切，没有人想起已是孤苦无依的吕碧城。

无家可归，无人可依！

突然间，她由一个父疼母爱的大家闺秀变成了街头的流浪儿，饥饿难忍，形影相吊。她焦灼地期盼有人能帮她，可举目无亲！怎么办？她想到了那个未婚夫，小有势力的乡绅之子，他应该是可靠的吧。

却不曾想，他避而不见！

吕碧城愣在门外，看那门上锈渍斑驳的环形铜锁，彻骨的寒意长驱直入，直把她冻僵在原地……

失了这最后一线希望，她不知该将求助的手伸向何方，仓皇四顾，每个人都行色匆匆，没有人在意她的伤感和绝望，泪水，只能倒流进心里……

母亲和四妹坤秀被迫饮鸩的消息传来，令吕碧城姐妹顿觉天旋地转，大姐惠如哭得六神无主，人亦几度昏厥，碧城抱着大姐，在天塌地陷间的惶恐中，紧攥着拳头忍着愤恨，一颗心似被穿孔而透。

飞来横祸，她们姐妹尚未成年，在这世态炎凉的人世间，她们该向谁求助？

哪怕有一线希望也不能放弃！

吕碧城无计可施，愁苦之间，她突然想起父亲的故友樊增祥，便急三火四写了封信，把家里的情况如实告知。

可是，信去如鹤，数日杳无音讯。吕碧城欲哭无泪，心急如焚。

母亲和四妹被人救醒，现在仍然命悬一线，而她却束手无策，这一份折磨，真要把人逼疯一般。

"碧城！"

天意垂怜，樊增祥竟然亲自率兵前来。

时任江宁布政使、两江总督的樊增祥曾和父亲同榜进士，看到吕碧城的来信，深为震惊，便一路快马加鞭，急急赶来了。

她哭诉，他倾听。

老友故去，樊增祥倍加伤感，宽言抚慰后，许诺为她排忧解难。

恶人从来都是欺软怕硬，当政府官员听命前来查办，族人们才老老实实认了错，释放了被囚禁多时的严氏。只是，他们贪婪成性，找了各种理由昧下侵占的财物，拿出来的只有寥寥无几，吕碧城孤儿寡母的，也只好忍气吞声。

接下来便是给父亲办丧事了，里里外外，几乎全靠吕碧城一人打点。幸得樊增祥的帮忙，丧事办得有条不紊、得体周到，那些包藏祸心的族人见状，也纷纷前来吊唁，惺惺作态的模样让吕碧城对人情世故又多了一分参悟。

一场疾风骤雨之后，总算云开日出了，回首那些祸不单行的日子，吕碧城心有余悸，她为家里能熬过这一劫而庆幸，却不知道更大的烦恼会接踵而来……

花替人愁

父亲的丧事刚刚办完,碧城母女还没有从悲恸中走出来,汪家来人了。

退婚!为什么?

原因可笑至极:吕碧城一个女孩子家,小小年纪,怎么能这么轻松地帮家里解脱如此大的困境?那么多政府官员都为她鞍前马后,是吕碧城有什么超人之处,还是使了什么见不得人的手段?夫家好脸面,惊不起外人指点猜疑,思来想去,这婚还是退了省心。

来来去去的,他家都主动,唯独她大难临头,他家唯恐避之不及!

这样的夫家,她不屑!早退早好,她忿然拍案,冷笑连连,看他满脸羞赧,她只觉没嫁给他真是应该万分庆幸。

他讪讪的,却又故作强硬,傲慢地转身离去,像无趣的小丑。

吕碧城长长松了口气,虽然厄运先是跟她开了个伪善的玩笑,把他和她莫名其妙地绑在了一起,然后狰狞地露出险恶的嘴脸,恶毒地让他冷落她、离弃她,但她觉得厄运也不全是坏事,至少让她看清楚周围的人。

母亲严氏却老泪纵横,她竟然跑过去拉住那个姓汪的小子,求他不要退婚!

这是做什么呢?吕碧城难以理解,明知道这人薄情寡义,为什么还要求他?他倒神气了,蛮横无理地甩开母亲,嘲弄地瞥了她一眼,扬长而去!

"碧城,碧城,以后你可怎么做人啊!"母亲痛哭失声。

被退婚很严重么?吕碧城想笑,可她笑不出来,母亲的痛苦驱除了她解脱般的轻松,她预感到新的磨难即将到来。

果然,女儿家被夫家退婚,在族人们看来是奇耻大辱,所有恶毒的猜疑、诬蔑铺天盖地,似乎她真做了什么见不得人的事了,"善良"而"有道德"的人们对她指指点点,肆无忌惮地蜚短流长。

人言可畏。吕碧城毕竟年纪小,除了气愤也没觉得怎样,别人爱说什么就说什么吧。可母亲熬不住了,整天窝在家里长吁短叹,以泪洗面。

"愁云惨淡万里凝。"13岁的吕碧城仰望苍穹,一直稚嫩的心早早经历了人间冷暖,似乎已经麻木了。

寒意透云峤，宝篆烟浮。夜深听雨小红楼。姹紫嫣红零落否？人替花愁。临远怕凝眸，草腻波柔。隔帘咫尺是西洲。来日送春兼送别，花替人愁。

提笔间，愁绪翻涌，这宅子，这熟悉的巷子和邻人，都已经不再值得留恋了。既然母亲说了好几次想要搬走，那就走吧，这里的一切记忆，就让它随风飘逝了吧。

人这一生，必须要学会忘记，忘记那些不快乐的事，忘记那些伤害过你的人，让自己能够轻松地应对以后；也必须要学会牢记，牢记那些痛，激励自己独立、坚强。

至此，吕碧城才知道，"做你想做的事，做自己希望做的人"并不容易，它需要你有足够强大的内心和能力。

凝望父亲的遗像，吕碧城无语泪先流。在这世上，她已经找不到可以倾诉的人了。

学会与孤独厮守，静心自守，从容应对所有，相信一切都会慢慢变好，用乐观的信念支撑自己渡过险境，外师造化，中得心源。吕碧城自我开解着，心也自然慢慢平静了下来，她相信一切不幸都会过去，她发誓要掌握自己的人生，求得幸福。

只是，这样的感悟基于饱受伤害，那个人的薄凉，如一道暗伤刻在心里，此后似水流年，这份薄凉延绵不绝，潜移默化，深骨及髓，让她对男人的情爱心有余悸。

伤一次，就够了。

古往今来诸多在红尘里辗转的女子，让情事循环往复、此起彼伏，她们想要救赎自己，大多幻想靠男人攀高附贵，可其中除了武则天确实扬眉吐气了一把，大多女人的下场都很悲剧。董小宛美貌无双，却被冒辟疆因蝇头小利而舍弃；吴三桂宠爱陈圆圆，不惜怒发冲冠为红颜，到头来，还是脱不了色衰爱弛的俗套，陈圆圆出家为尼，所有的痴恋恩宠也如同明日黄花……

既然这样，也就不必大惊小怪。

名声，就这么莫名其妙地坏了，可它原本是最虚浮的东西，离开了这里，到一个陌生的地方，没有人捕风捉影，她自然不必再受那些空穴来风的叨扰，而那些流言蜚语，会如这暗夜里的浮风，与来时一样，消去无痕。

窗前月影消瘦，花落如雨，静静地凝望过去，是言笑无厌、心无旁骛的童趣时光。如今，她不过13岁而已，还未成年，却已饱经人情冷暖，要向这满目疮痍的生活作别了。

那么，就让这宅子转叙别人的悲喜吧。这庭前的花柳、墙上的攀藤，这熟悉的街头巷尾，还有那些为生活而庸碌的乡邻，此后经年，也便是他人故事的背景罢了。

一滴残墨滴落在宣纸上，晕开，如一枚旧时光的印章，蕴刻着"诀别"二字。她凝视着那墨渍，眼眶潮热，却慢慢地牵起嘴角，浅浅微笑……

冰雪聪明芙蓉色

英雄何物？是嬴秦一世，气吞胡虏。

席卷瀛寰连朔漠，剑底诸侯齐俯。

宝铡栽花，珠旒拥櫇，异想空千古。

双栖有约，翠衣云外延伫。

幽歺碧血长湮，啼妆不见，见苍烟词树。

谁访贞珉传墨妙？端让西来梵语。

婺凤凋翎，龙女飞蜕，换劫情天谱。

肜篇译罢，骚人还惹词赋。

二章　冰雪聰明芙蓉色

柳暗花明

离开老宅那天，母亲择了黄道吉日，祈求来日向好。

大清早，天刚蒙蒙亮，村邻都还在酣睡中，母亲就唤醒了四个尚未成年的女儿，匆匆地上路了。

走在空无一人的街巷里，吕碧城有些恍惚，似在一个幽长深邃的梦里游走，东弯西拐地走不出困境。她回头望去，晨雾弥漫中，那熟悉的老宅静静地矗立在那里，如一抹缥缈的剪影，离她渐行渐远……

鸡鸣狗叫的声音远远地传来，艳红如血的朝阳从云朵里钻出来，鱼肚白的天空慢慢被染成七彩，村前河边的垂柳正在落叶，脱落的叶子微微有点黄，却还是绿得锃亮，随着流水打着旋儿漂到不知名的地方……

这沿路的风景，细细碎碎地叠加起来，连同前时记忆一起，被封存在心底最深处。

感觉,她也如那样一片身不由己的柳叶,在命运的河里随波逐流,前路未卜,吉凶难测。孤儿寡母,时运窘迫,如此般落魄地背井离乡,寄人篱下,前路即使不似在老宅有诸多烦扰,恐怕也乏善可陈……

不过,山重水复疑无路,柳暗花明又一村,相信会好起来的。

长途颠簸,总算到了舅父严凤笙的家。

舅父在塘沽任盐课司大使,官至八品,家里生活尚且宽余,待母亲谦和有礼,对吕碧城姐妹也慈爱。不过舅母却冷淡得多,只因碍于舅父威严,也还算客气。

舅父公务缠身,少有在家的时候,为避免与舅母摩擦,吕碧城母女谨言慎行,气氛虽然有些压抑,但没有邻人的冷嘲热讽,也不必为生计劳心费神,日子总算安定下来了。

舅父附庸风雅,虽然不懂得古玩珍藏,亦不擅诗赋丹青,家里藏品却不少。那间书屋,建在庭院僻静的拐角,门前有枝叶疏落的梅枝,在冬天万花凋零的时候,才会轰轰烈烈地开出火红的花来。里面有整面墙的书柜,书柜里码满了书册,还有设计巧妙的古董架子,上面放着真真假假各年代的陶瓷瓦罐,做工精简不一,但造型都还别致,还有些字画卷轴,有山水、有花鸟,笔墨或疏淡幽远,或淋漓厚重,都有各自的意境韵致。

吕碧城对这一隅恋恋难舍,终日沉溺其中,看书、习画、赏玩古物,把闲散的时光打理得井然有序。渐至佳境,技艺精进。

在墨色书香里熏染得久了,那些陈年旧事,也如翻过去的书页,声色沉寂,渐被遗忘。沉淀下来的,是对苦难的敬畏与感悟,再读史论事,吕碧城已不似前时心无城府,她开始针砭时弊,推己及人,思考人生的方向。

门前的红梅开谢几度,时光快如白驹过隙,吕碧城依靠潜心诗画极力忘却苦痛。可那苦痛带来的思考却如影随形——眼前岁月静好,不过是苟且偷生换来的,这样的宁静祥和那般不堪一击,稍微的风吹草动,都能让她们母女重陷窘境,寄人篱下并非长久之计。

舅父若是心情好,回到家喜笑颜开,看人看物都称心如意,吕家母女也随意轻松些;若是舅父公务繁杂扰了心境,或是人情世故不如意愿,回到家眉头紧锁,忧烦难消,大家就噤若寒蝉,唯恐落下不是触怒了他。

舅母也喜怒无常,一时心烦了,又赶上舅父不在家,少不了要指桑骂槐。这样的憋闷吕碧城永远习惯不了。学会察言观色是迫不得已练就的生存技能,就算躲进这书屋暂时清闲,可她能在这里躲一辈子,谨小慎微地重复一辈子这样的生活?今天和昨天没什么区别,这不是她想要的明天。她需要靠自己的力量谋求自己想要的生活,自由、从容、随心所愿。

眼看着外甥女一个个出落成窈窕淑女,舅父开始四处张罗,一方面帮母亲分忧,一方面想靠结亲笼络人情。

吕碧城惶恐不安地听着舅父从外面带回的消息,一眼望去,她变成了一只鸟儿，被从这个笼子里取出来，放进一个新的笼子里，然后继续地委应奉承、忍辱求全，把生活过得暗无天日，全无自我，跟一个莫名其妙冒出来的人结婚、度日、生子，然后哺乳、看孩子，在孩子的吃喝拉撒中衰老……

想想，就足以让她毛骨悚然。

虽然这几乎是所有女人一生的轨迹，可主动和被迫完全是两码事，有爱与无爱也有天壤之别。就算结婚生子，她也要在自己能独立自主的时候，嫁个她爱亦真心爱她的人。

所以，在舅父给她说亲事的时候，她断然拒绝了。

"我要去天津读书。"她说。

"女孩子家读的什么书？找个夫家恪守妇道，生儿育女，相夫教子尽了本分就行了。"舅父很生气。

吕碧城知道争辩也没用，她有自己的打算，白天去外面典卖了几件首饰，积攒了些路费，第二天一大早就逃出门去，踏上了开往天津的火车。

第一次逃亡，还有母亲和姐妹们，逃亡还有个落脚的地方。这一次，真正是形单影只，沦落天涯，不知所终。不过，她仍然满心欢悦。

吕碧城坐在火车上，看车窗外飞逝的风景，忐忑和迷惘被激动与希望取代，她贪婪地呼吸着新鲜的空气，兴奋得想迎风呐喊。山河入眼尽是画，嘈杂入耳似管弦，逃离了任人摆布的命运，她年轻的心为之欢呼雀跃，积年的沉郁一扫而空。

可是，这份振奋很快被残酷的现实摧毁了。

一只雏鹰,向往广漠的天空,梦想只要自己张开翅膀,就可以驭风而行、与云共舞,可事实是,当它真的做好了飞翔的姿势,却是山雨欲来,强劲的山风轻易就能吹乱它稚嫩的脚步,不摔几个跟头,不尝尽艰辛,它就没有扶摇万里的可能。

第一次离家出走、举目无亲,第一次孤身面对生存现世的艰难,吕碧城很快尝到了山穷水尽的凄楚和绝望。当时带出来的钱太少,买完车票她已所剩无几,一天下来,到了晚上,她已经没有钱买东西吃了,饥肠辘辘的她坐在那里,看到别的乘客大包小包的行李,才发现自己双手空空,一无所有。

还要多久才能到天津?怕到了天津,自己已经饿得奄奄一息了吧!就算能活着到达天津,又能住哪儿?去投靠谁?她这才意识到,她连生存最起码的衣食住行都成问题,又何谈梦想?

她惶恐地四下看看,车厢里人声嘈杂,每一个面孔都是陌生的,她分不清谁是好人谁是坏人,不敢随便与人搭讪,她突然感到自己如此势单力孤、凄惶无助。在舅父家里,虽然压抑拘谨,但至少衣食无忧,可现在,她淹没在陌生的人流里,饥寒交迫,求援无门。

车窗外的天色终于彻底黑透,车厢里的温度急遽下降,吕碧城冻得浑身冰凉,却连一件可以御寒的衣服都没有。

别人都是有备而来的,盖着被子和棉衣甜甜地酣睡,她蜷缩在那里,全血的血液似乎都慢慢结了冰,这样下去,火车没到站,她就饿死冻死了……

死亡的阴影如此沉实真切地罩下来,早上逃脱时的轻松快乐早已烟消云散,取而代之的是无尽的恐慌和绝望,她咬着牙忍着,连哭都不敢出声,她想,此时此刻,她的母亲和姐妹们,应该在熟睡,不知道她们的梦里,有没有责怪她不辞而别。

火车轰隆隆的声音单调乏味,在耳边变得越来越模糊,强烈的困倦袭击着她,她没有力气睁开眼睛,她能感知到自己正游走在生死边缘,可她却对这样的绝境束手无策。她的视线渐渐迷蒙,她想,就这样睡去,也许永远都不会再醒来了吧……

不知何时,她感觉身体落入了一个温暖的怀抱,慢慢地,冰冷的身体暖了过来,昏沉的意识也渐渐清醒。她睁开眼睛,看到一个像母亲般慈爱的女人正拥着她,一脸担忧。

"姑娘,你怎么穿这么少,都不知道拿件御寒的衣服!"女人怪她,语气充满怜惜。

"我……是逃出来的。"她低声回应。

"那你这是要去哪里?"女人先是一愣,随即关心地问道,"可有落脚的地方?"

"想去天津……没有落脚的地方……"

"唉,你这姑娘……正好我们同路,到时你就暂且先在我那里住两天吧,住下了再做打算也不晚。"善良的女人又补充说道,"你放心,我是天津佛照旅馆的老板娘,是好人,刚才看见你冻得脸色发紫,吓了一跳,还好你活过来了……"

绝处逢生,柳暗花明。吕碧城感激涕零,紧紧握住恩人的手,心中又有了生的希望。

红颜主笔

　　到了天津,吕碧城就在天津佛照旅馆暂时安顿了下来。

　　原在家里,天天如一,生活波澜不惊;出了门,才知道外面的世界日新月异,正发生着天翻地覆的变化。政治动荡,人心惶惶,社会百业待兴,佛照旅馆的生意并不红火,好心的老板娘一家也不过勉强度日,吕碧城不愿成为他人的负累,终日焦心。

　　于是,吕碧城每天四处奔波找工作,她想,只要有收留她的地方,暂时能让她在天津生存下去,什么工作她都可以做。可是,人生地不熟,她又是外地人,又没有什么工作经验,几天下来,她屡屡碰壁,一份工作也没有着落。

　　落日又匆匆地坠下了地平线,她又一次精疲力竭地往旅馆走。深秋凄冷的风裹着纷飞的落叶抽打在她身上,单薄的衣衫无法御寒,寒意从心底往外冒,那样凄寒萧瑟的感觉,如可怕的梦魇驱之不散,她踟蹰街头,仓皇无措。

"毋忧拂意,毋喜快心,毋持久安,毋惮初难。"吕碧城站定,反复背诵古训。不为不如意的事发愁,不为称心的事而忘形,不因长久的安居而不思进取,不因事情开始的困难而畏缩不前,世事无常,失意是得意的基源,得意也是失意的起点,她不能就此灰心丧气。

吕碧城松开抱紧双肩的手,在寒风中昂扬地抬头挺胸,倔强而坚定地往前走。就这样,她熬过失败的一天又一天,但,每天一早,她又会振作精神去找工作,被拒绝也不再心烦意乱。她尽量省吃俭用,有点空闲就帮老板娘做点事,以回报她的收留之恩。老板娘心疼她,也有意长久留她在身边,可她知道,像吕碧城这样的女孩子,她这小小的旅馆是留不住的。

"玉在椟中求善价,钗在匣中待时飞。"天降大任,先苦心志,劳筋骨,饿体肤,磨砺意志,能经得住的人,他日才能有所为。吕碧城外柔内刚,不会久为池中之物。

果然,吕碧城婉言谢绝了老板娘。她从家里逃出来,就立志要出人头地,怎么可以贪图一时的安逸,坐享其成?

深秋霜重,隔夜,灰蒙蒙的天空便飘起了雪,眼所见处,飞花碎玉,北国的冬天姗姗迟来。

吕碧城又一次被拒之门外,她走在冰天雪地中,仰望天空飞扬的雪沫,祈盼苍天有眼,怜她助她得偿心愿。苍天无语,雪自飘零,能听到她心跳声音的,只有她自己。

"碧城,雪化成了水才会流动,水变成气、凝成雪才会飞舞,人不会变化,可人的心志却可以千变万化,遇到困难的时候,就想象自己变成流水,应时而生,顺势而动,能圆能方,左右逢源;遇到顺境的时候,就想象自己变成雪花,从高处缓缓落下,降低姿态,还原自我……碧城,这世间的一草一木,一花一树,都饱含为人处世的哲理,你读得懂,就行得通。"

凝神间,父亲语重心长的声音萦绕耳际,吕碧城潸然泪下。时事多艰,现在,她想象自己变成水,却不知道该怎样左右逢源,她没有施展才华的地方,甚至没有生存下去的办法,再多的自我激励和坚持,似乎都没有结果。她该怎么办才好呢?

吕碧城深深地叹了口气,展开老板娘给的《大公报》,上面只剩下一个招聘启事她还没去试过了。

最后一个也要试试。

吕碧城重新振作,仔细看那启事,是个招聘佣人的启事。她看了一半心就凉了,发启事的人是要给小孩雇个保姆,要有哺乳经验,会带孩子、做家务、做饭等,明显不适合她。可就在她打算放弃的时候,启事下面,一个熟悉的名字落入了她的眼中。

"方君。"

她记得,在舅父家住的时候,舅父的秘书就叫方君,舅父时常邀方君夫妇到家里坐,方君的夫人是个白净素雅的女人,说话做事十分得体,是个幽默健谈又谦和可亲的人,她和他们见过两次,她还给方君的夫人画过画像。

吕碧城喜出望外,她又仔细看了一遍招聘启事,上面写着方夫人刚刚生产,方先生因为公务在身不能在家照料,所以需要找一位乳母帮夫人照料孩子兼管家务,也就是说,方夫人和小孩子在家里。

只是,这个方君是不是舅父的秘书呢?他家在《大公报》社所在的天津滨江道?她如果这就去登门造访,是不是太冒昧了?

而且,就算真是方夫人,世态炎凉,冷暖无常,前时她在舅父家里住着,碍于情面,方君夫妇对她自然礼遇;可如今,她违逆舅父跑了出来,方夫人或许连看都不愿意看她,更何谈帮她呢?

吕碧城心思数转,想来想去,还是决定先投石问路比较妥当。

她回到旅馆,怀着忐忑不安的心情给方夫人写了一封信,斟词酌句,情真意切地述说自己的经历和来到天津的种种情况。写完后,她把信交给了老板娘,托她找人送去天津滨江道的《大公报》社。

那方夫人看了信,如果有意帮她,会回复她的;如果无意帮她,她也不会因为贸然造访让人嫌恶。

谋事在人,成事在天,她做了该做的,剩下的,就听天由命吧。

接下来几天,吕碧城仍然四处应聘,高不成低不就,仍然一无所获。

方夫人那边一直没有回音,一天天在等待中失望,转眼一周过去了,吕碧城不抱幻想了,她已经做好了最坏的打算,如果再没什么结果,她就在老板娘这里做工,等安顿下来后再从长计议。

"忽如一夜春风来,千树万树梨花开。"

一早,出门一看,皑皑白雪在艳阳下熠熠生辉,到处冰雕玉砌一般,景色如画,静美迷人。吕碧城踏着积雪,最后一次出门,满怀希望去找工作……

忙活了一天,傍晚回来的时候,吕碧城的心情早已经一落千丈。她脚步沉重地回到旅馆,一抬眼,却见老板娘满脸喜色,见她回来,急急上前拉着她进屋,说方夫人等了她好半天了。

意外的惊喜让吕碧城有些愣怔。方夫人热情地迎过来,拉着她的手嘘寒问暖,说这几天孩子生病忙不过来,今天才得空收看信件,一看是吕碧城的来信,就赶紧来找她了。

"碧城,让你久等了,正好我先生近来没在家,你过去住我那边,我也有个伴儿。"寒暄过后,方夫人执意邀请吕碧城去她家住,吕碧城欣然同意。

"碧城,我把你的信给《大公报》的总经理兼总编辑英敛之看过,他很同情你的遭遇,也很欣赏你的才华,他有意聘请你到报社当见习编辑。"方夫人握着她的手,一边走,一边说,"今天太晚,明天我带你去见他,如果可以,后天你就可以去上班了。"

吕碧城听了方夫人的话,一下子站定了,半天没回过神来。要知道,《大公报》可是当时国内最有影响力的报纸,它排版美观、内容新颖、针砭时弊、见解独特。也正是这份报纸,让她了解到了许多时政新闻,让从前孤陋寡闻的她大开了眼界。她曾暗暗赞叹主笔英敛之犀利精湛的文笔，对洞察世态的他心生敬佩，没想到，她竟然有机会拜见英敛之，并还有可能成为《大公报》的见习编辑。这是真的吗？

整整一个晚上，吕碧城都失眠了，她大睁着眼睛，看窗外的夜空如何一点点黑透，又一点点清明，她看到朝阳如何冉冉升起，朝霞如何从黯淡变为五彩……

她的世界，真的会从今天开始异彩斑斓起来吗？她满怀欣喜地期待着。

刚刚吃过早饭，英敛之便来了……

许多年后，吕碧城每每回忆那个冬日，都记忆犹新。

窗外，白雪翩跹，寒意料峭；窗内，茶香升腾，暖意环萦。有朋千里，相逢咫尺，志同道合，相谈甚欢。

从最初的生疏客套，到后来的知无不尽、畅所欲言，不过几盏茶的时间。

提倡变法维新，反对顽固守旧，主张君主立宪，反对封建专制，要求民族独立，反对外来侵略……思想碰撞出绚丽的火花，如盛放在冬日里的焰火，那般光明璀璨，在交流中升华、辐射成共同的真知灼见，让两个人相见恨晚……

"欲取鸣琴弹，恨无知音赏。"

曾经，每每沉吟孟浩然的这句诗，都有怀才不遇的遗憾久驻心胸，而这份遗憾，在她遇到英敛之后便消逝无痕了。千里马常有，而伯乐不常有，得遇伯乐，是千里马最幸运的所在。英敛之是个惜才爱才之人,对她小小年纪却拥有横溢的才华和过人的胆识大为赞赏,辞别的时候,他郑重邀请她搬到报馆居住,并正式担任《大公报》的见习编辑。

那天,看英敛之离开后,雪地上一串深深浅浅的脚印蜿蜒远去,吕碧城在雪中站了许久。她清晰地听见梦里花开的声音,从心底最深处轰轰烈烈地绽放出来,然后迅速漫溢成满天的华彩。

言为心声

料峭春风吹人冷，正是城都花开时。

初到《大公报》任职，英敛之夫妇不厌其烦地帮助她、引导她，带她走访新闻、拜访教育界的朋友，让她熟悉报社方方面面的工作，给她提供幽静的工作环境，让她安心工作。

吕碧城不负厚望，勤恳上进，努力练习采访的技巧，她能准确地找到采访的切入点，恰到好处地处理采访信息，所写文稿直逼时代主题，引人入胜，深得英敛之的赞赏。

自此，吕碧城成为中国新闻史上第一位女编辑。

时间在忙碌中过得飞快，转眼，吕碧城在《大公报》社也已待了两年。

又是冬去春来、乍暖还寒的季节,鹅黄的迎春花却早早地开了,那一枝枝琼玉凝脂般的繁花,热烈张扬着奋发的生命力,如铿锵有力的诗行,洋溢在春风里。

花还是这般静静地开,柳絮也这般轻轻地落,自然万物遵循着亘古不变的律动,应时而起,随时而进,循环往复,无始无终。

变的是人心。

争权夺利,朝代更替,沧海桑田,血雨腥风。

无休无止的战争,乌烟瘴气的争斗,永远无法消弭的贫富差距,莫名其妙的统治与被统治,压迫、反抗、奔走、呼号、颠覆、革新……政客粉墨登场,英雄叱咤风云,壮士战死沙场,百姓艰难度日……

人心变,世事俱变。

时值慈禧太后统治末期,长期的闭关锁国和后来的卖国求荣,使中华大地陷入水深火热之中。

社会动荡,人心惶惶,是非颠倒,黑白难辨。

信仰崩溃,思想空虚,空气中弥漫着无助和迷茫,小人得势,君子退隐,智者明哲保身,勇者伺机而动。民众需要被指引,蒙昧的心智需要被启迪,无奈文人墨客亦没有统一的真知灼见,你来我往,文人相轻,乱成一团。

在这样的情况下,《大公报》一枝独秀,在各种舆论中具有权威地位,它客观而清醒地分析时政、明辨是非,给京津民众以明确的指引,而作为主笔《大公报》的吕碧城可谓功不可没。

1908年,光绪皇帝与慈禧太后先后驾崩,一时民心动乱,国无宁日。

中国自古倡导中庸,中庸的精髓是一个"度"字,凡事适度为妙,不及不达、过犹不及,只有"恰到好处"才是最高境界。在此理想化、完美化的思想主导下,衍生出"道"这样高深莫测的玄虚理想,"道可道,非常道;名可名,非常名。"

千百年来,人们捧着《道德经》思来想去、猜东猜西,结果舍本逐末,把中庸思想蕴含的智慧锋芒和积极进取的精神几于泯灭,只留了一个"庸"字当了宝,并常以无条件的忍气吞声换取"和为贵"。

翻开中国历史,几乎只有开国帝王才有建功立业、抵御外侵的意识,本该是"创业难、守业易"的自然规律被奇怪地颠覆了,沿袭下来的全变成了"创业易,守业难"。

难在哪里呢?难在"千金散尽,难重来",难在"敌邦如豺,我如羊",而昏君们宁可签订丧权辱国条约、拿民脂民膏讨好外敌,也不愿对子民广施恩德富国强兵。

到了慈禧太后这里,崇洋媚外的无耻已经达到了登峰造极、出神入化的境界,竟然高唱着"量中华之物力,结与国之欢心"这样令人发指的调子祸国殃民。

最让人不解的是,这样的昏君,一代代炎黄子孙竟然好脾气地忍了,不止忍了,还有众多贤臣名将鞠躬尽瘁、死而后已地为他们效力尽忠。

当年,宋徽宗、宋钦宗终日穷奢极欲不理朝政,把前朝留下的富庶江山挥霍一空,苛捐杂税加沉重的赋役徭役,让百姓苦不堪言。结果金人来势汹汹,大举入侵,短短数月攻克汴京掳掠了两个混蛋皇帝,亡了北宋,新上位的宋高宗赵构不惜决黄河淹杀数十万子民保全帝位,不惜与卖国贼秦桧勾结,与金人里应外合地作践国人国土,宗泽、岳飞等精忠报国的志士竟然还要为他们身先士卒,身先士卒若能得到信任和支持也好,可恨的是为这样的昏君冲锋陷阵反遭陷害扼杀,实在岂有此理!

不知道该恨谁:恨当权者对外昏庸无能,对内专横残暴;恨贤臣志士盲目忠君,恨百姓哀而不争!

好不容易转到咸丰这儿了,冒出一个擅媚阴毒的慈禧,先是垂帘听政,继而阴谋篡位,这个可恨的女人统治中国竟达 47 年。在其执政期间,各省人口骤减,百姓饥寒交迫,尸横遍野,她则整天过着奢靡无度、无法无天的日子。宗泽、岳飞的悲剧重演,甚至更惨烈。曾国藩、李鸿章这些有勇有谋的臣子竟然对慈禧唯命是从,出兵镇压太平天国以及各地起义军,致使"秦淮河尸首如麻",竟然还好意思自称"正义之师"……

奇怪的是,这样的慈禧死了,国人竟然惶恐了,感觉没了主心骨,一时不知如何是好了。

从这个角度说,孔子的"中庸"教育理念实在很成功,又实在可恶可恨,这样的"和"遇到昏君当道,就成了一种没有底线、没有尊严的"和",是以国人血流成河、敌邦任意烧杀掳掠为基础的"和",而举国上下的"愚忠",让统治者以可耻的"和为贵"为借口和掩护,肆无忌惮地卖国求荣。

可悲的是，能冷静地、清醒地看清这一切的，只是少数人，而这少数人，大多无权无势、敢怒不敢言。

然而，到底是有敢站出来的勇者。

就在许多国人还在为光绪和慈禧痛哭哀号的时候，《大公报》上刊出了一幅漫画和一阕《百字令》：

排云深处，写婵娟一幅，翠衣轻羽，禁得兴亡千古恨，剑样英英眉。屏蔽边疆，京垓金弊，纤手轻输去，游魂地下，羞逢汉雄唐鹅。

这漫画与辞令，旗帜鲜明地痛斥慈禧，指责她把大清朝的江山弄得支离破碎，割地赔款，丧权辱国，即使死了到了阴曹地府，也没脸去见汉朝有作为的吕后和唐朝的武则天。

图文并茂，生动形象，一针见血，极尽嘲讽，令读者睹之为快。可清政府不干了，这大白天的，怎么能睁着眼说真话呢，这是哪个作者这么胆大妄为？没有慈禧老佛爷的"千秋伟业"，中国怎么能懂得什么是"殖民地"和"半殖民地"的区别呢？没有慈禧太皇太后的"英明领导"，中国怎么能知道外国列强烧了圆明园还能厚颜无耻地要求割地赔款呢？

可清政府再怎么恼火，毕竟气数已尽，国人正在觉醒，新思想、新的维新力量深入人心,清政府再想搞什么迫害,已经不能欺上瞒下为所欲为了。尤其令清政府意外的,查了半天,这则新闻竟然出自一个年轻女子之手,兴师动众地把她抓来,他们自己都觉得小题大做。

吕碧城因祸得福,其大胆尖锐的笔锋和幽默谐趣的漫画,让她名声大噪,《大公报》热销一空,大有洛阳纸贵的行情,吕碧城也由一名见习编辑成为《大公报》的中流砥柱。

静夜凝思,目接千里,神游八荒,笔墨纵横……

"士君子贫不能济物者,遇人痴迷处,出一言提醒之,遇人急难处,出一言解救之,亦是无量功德。"明理达义,以文为媒,点迷津,开风化,启民智,这是一件很有意义的工作。

吕碧城年轻的心充满了激情,她珍惜这来之不易的工作,勤勉刻苦,笔耕不辍。一篇文章,总是要反复构思、修改,精益求精才好。她的努力也很快得到了回报,《大公报》风格一新,广受赞誉。

夫君之于民、男之于女,有如辅车唇齿之相依。君之愚弱其民,即以自弱其国也;男之愚弱其女,即以自弱其家也……惟愿此后,合君民男女,皆发深省,协力以图自强。自强之道,须以开女智、兴女权为根本……

吕碧城在她《论提倡女学之宗旨》的文章中,强调君民、男女的平等地位,准确鲜活地点明:统治者削弱国民的素质、财富和力量是愚蠢且最终导致亡国的根本，男子不能善待妻子是愚蠢且导致败家的原本；倡导君民同心、男女平等，提高国民素质，共同走自强不息之路。文字铿锵有力，豪情万丈直抒胸臆，表现出深厚的文学功底。

《大公报》主笔刘孟扬在《书碧城女史论提倡女学之宗旨后》中有感而发：

> 以女子论女学，故亲切有味，耐人深思。至理名言，非同肤泛。最可佩者，以二旬之弱女子，竟能言人所不能言，发人之所不能发。其词旨之条达，文气之充畅，直如急湍猛浪之奔流。而且不假思索，振笔直书，水到渠成，不事雕琢……果有闻女史之言而兴起者，则女学昌明，女权大振，家庭中有好教育，国民中自有大英雄，尚虑国家不能强哉？

刘孟扬的点评举足轻重，既对年轻的吕碧城独特的敏感和洞察力、行文有力的才能大为赞赏，也对中国振兴教育、昌明女权寄予厚望，使吕碧城的文章倍受关注。

随后，吕碧城的《敬告中国女同胞》、《兴女权贵有坚忍之志》等文章相继刊出，旗帜鲜明地倡导女子解放和女子教育，引领深受封建思想禁锢和毒害的女人们觉醒、抗争，呼吁创建独立、民主、文明的时代新风尚。这些文章刚直率真、气贯长虹，深受时人尤其是新女性的倾慕、推崇。

吕碧城，这个曾经名不见经传的名字，如从沙尘里脱颖而出的珍珠,崭露头角、广为人知。

万众瞩目的结果是成功的见证,但对于吕碧城来说,她自知,真正的成功,是她战胜了厄运,并在厄运中不断地坚持、磨砺的过程。

她想忆那个曾在寒雪中踯躅街头、迎风落泪的自己,似乎只是昨天的事,那份绝望和无助的痛烙印在心里仍然不曾散去,可如今,她感激那伤、那痛,因这伤痛深骨及髓,升华了她的灵魂,她在伤痛的激励中崛起,变得坚强、成熟、练达。

吕碧城深刻地体会到,正是因为前时经历了种种磨难,她才不会因为阅历浅薄而才思枯竭,从苦难中得来的感悟弥足珍贵,让她能更客观、全面地剖析时事,入木三分地写景抒情。

学会在艰难险阻中净化、提升和征服自己,隐忍以明智,磨炼以求仁,这是必需的生存之道。如果她在那漫长近一年的辛苦中退缩,那么此时此刻,她或者已失去了自我,在庸碌乏味的生活里坐吃等死……

成功,需要艰辛的铺垫。

既然如此,此后长路漫漫,她将以智慧之心,以坚韧之志,祛除迷惑,打破困扰,纵情笔墨,写尽乾坤万象,继续用文字留下自己生命的痕迹,继续用文字指引更多曾经像她一样无助、茫然的人!

声名鹊起

兴趣、志趣、情趣,以趣激志,以志蓄情,此乃成功之道。

对一件事情有兴趣,然后在这件事上立志成才,付出不懈的努力,慢慢水到渠成,得心应手,人生也便有了情趣,有了心意所向的情趣,人生也就算成功了。

吕碧城酷爱诗词,善于洞察事理、思考哲意,她把对文学浓厚的兴趣与爱国兴邦的意愿结合在一起,致力于启发民智。她全力以赴、笔耕不辍,才能日益精进。她的文章具备极强的艺术表现力和美感,很快成为京津文艺界的翘楚人物。

原本,大家猜测,才女多丑女,而且有这等笔墨造诣,估计阅历颇深,那这个吕碧城想必是个中老年资深丑才女。没想到,吕碧城亭亭玉立、青春靓丽,让世人备感惊羡。

　　吕碧城才貌双全,声名鹊起,京津名流的各种聚会,以能请到吕碧城到会为荣。吕碧城仪态万方、应对得体,既不趋炎附势,又不孤芳自赏,如邻家小妹般,笑语盈盈,平和近人。

　　吕碧城出众的才貌与优雅的举止让人对她刮目相看,她却不骄不躁,应酬过后,仍然静心读书,勤练笔墨。在短短一个多月的时间里,她又先后写了《远征赋》、《教育为立国之本》、《写怀》、《七绝三首》等诗文,发表在《大公报》上,内容都以感古怀今、激励民志为主,文采斐然、意蕴横生。

　　这期间,她还写了诸多诗词,其中有一首《念奴娇》写得尤其壮美:

　　英雄何物? 是嬴秦一世,气吞胡虏。 席卷瀛寰连朔漠,剑底诸侯齐俯。 宝铡裁花,珠旒拥髻,异想空千古。 双栖有约,擘衣云外延伫。

　　……龙女飞蜕,换劫情天谱。 彤篇译昙,骚人还惹词赋。

　　这样的诗词读来令人荡气回肠,引来杭辛斋、丁子良等报业诸多名流才子上门拜访,官员金邦平、沈吕生也慕名前来,就连《北洋官报》总办张孝谦也与夫人携子来访,吕碧城谦和有礼,迎来送往,广结友缘。

　　"有朋自远方来,不亦乐乎?"志同道合的人聚在一起,把酒临风,开怀畅谈,自古便是人生一大快事。这样的交流让吕碧城受益无穷,她虚心地汲取他人所长,避及自身之短,在倾听中领悟,在学习中反思,她谦虚好学的美名也让她赢来更多的赞誉。

一时间,京津名流对这位才识明通、志气英敏的作者倍加瞩目,时任清迁外交驻直交涉特派员徐芷生、六十多岁太后画师缪嘉蕙、直隶学务处行政官傅增湘等人先后与吕碧城会面,相见之下,无不大为称道。

尤其是缪嘉蕙,这位担任过清廷慈禧太后的画师、时位三品女官、已63岁高龄的前辈,画艺高妙、诗才精湛,见多识广的她虽不免心高气傲,却十分欣赏吕碧城,与吕碧城结为忘年之交。

是夜,皓月千里,浮光跃金。

吕碧城凝望着深邃苍穹中的朗月稀星,感慨良多,不由欣然提笔,将满怀豪情诉诸笔端:

新诗如夏玉丁东,颂到鸿篇是启蒙。

惟幄运筹劳硕画,木天摛藻见清聪。

光风霁月情何旷,流水高山曲未终。

霖雨苍生期早起,会看造世有英雄。

此诗意境开阔、灵光独耀。她凝视着未干的墨色,不觉莞尔。

"碧城,今观书法秀逸,笔力遒劲,大有须眉之概!"

缪嘉蕙站在她身后,忍不住脱口赞叹。吕碧城闻言一怔,回头看她，她正一脸慈爱地看着她。

"我来对诗一首。"缪嘉蕙亦诗兴大发，说着，便拿过笔去。

飞将词坛冠众英，天生宿慧启文明，

绛帷独拥人争羡，到处咸推吕碧城。

雄辩高谈惊四筵，蛾眉崛起说平权。

会当屈蠖同伸日，我愿迟生五十年。

看她写字，吕碧城恍然想起幼时，父亲时时督促叮咛她要多读书，她稍有长进，父亲便欣悦不已；想起她也曾在廊下对月酌诗，落笔成章时，父亲也如此这般赏阅点评；她站在老宅门前的繁花树下，天真无邪地对父亲说她的愿望时，父亲半天凝神不语……

似乎，脑际中电光石火刹那激射，时至今日，她才蓦然醒悟父亲的良苦用心，及与她同喜同忧的深沉父爱。若没有父亲对她的启蒙与教育，她怎么会有今天的成绩？又怎么会得到德高望重的长辈的赞赏？

事过境迁，物是人非，此情此景，她心有所感。看着缪嘉蕙，她良久无语。

少小读书，立志，经风雨；长大立言，立业，成大事。由己推人，由寡及众，天下长幼有序，如果所有的长辈都如父亲那般重视幼子启蒙和教育，如缪前辈这般激励后辈精进，让每个孩子、每个学者，无论男女，都得以启智开蒙，得教有道，该多好！

正浮想联翩,缪嘉蕙放下笔,笑吟吟地看着吕碧城说:"碧城,我最佩服你的是你年纪轻轻却能明辨是非,又有敢说敢做敢写的气概,中国的女性如果都能像你一样勇敢、独立、聪慧,国家有望啊!"

听了前辈的话,吕碧城心思数转,头一次,她有了兴办女学的想法。但她现在羽翼未丰,需要进一步的努力和锤炼。她会继续在《大公报》上刊发文稿,为革新强国尽一份绵薄之力,总有一天,她会开拓更广阔的人生舞台。

有缪嘉蕙这样的前辈欣赏激励,吕碧城越发勤勉刻苦,佳作不断,前来拜访的人更是络绎不绝。吕碧城不免感叹:"由是京津闻名来访者踵相接,与督署诸幕僚诗词唱和无虚日。"

那天午后,难得有闲散的时光。

吕碧城坐在窗前,一封封拆看读者的来信,突然有人叫她的名字。她抬头看去,窗外,院里,紫藤花开如瀑,静美如歌。

花下,一个眉目清逸、神情庄重、身着男装的人站在那里,目光炯炯地看着她,欲语还休的样子。

吕碧城上下打量她一番,不由有些疑惑,这个人既像个俊朗的男子,偏偏后脑勺上乌发密攒挽着一个发髻,又像是一个女子。

"您叫我?"吕碧城问她,"请问您是……"

"嗯。我取名叫吕碧城,你也叫吕碧城。"那人的声音婉柔中带着坚毅,微笑着说,"今天我来,想看看这名字该谁用更好。"

吕碧城听了,立刻想起前时她看过几篇文章,不是出自她手,竟也署名"吕碧城",就是她？

"呵呵,我姓秋,大家叫我秋瑾。"那人看她一脸疑惑,又笑着自我介绍。

秋瑾女士!

早闻其名,不识其人,这就是那个被称为"鉴湖女侠",才学满腹、倡导新政,巾帼不让须眉的秋瑾女士?吕碧城正惊异,同事举着一张红笺急急跑进来,递给吕碧城,说:"外面来了一位梳头的爷们!"

吕碧城听了,哑然失笑,接过红笺一看,上面写着"秋闺瑾"三个字,笔锋犀利,如针划沙。吕碧城赶紧迎出门去……

"流俗待看除旧弊,深闺有愿作新民。"交流中,两人如遇故交,相谈甚欢,其情其境,在吕碧城的《予之宗教观》一文中提及:

……主人款留之,与予同榻寝。次晨,予睡眼蒙眬,睹之大惊,因先瞥见其官式皂靴之双足,认为男子也。彼方就妆头庋小奁敷粉于鼻……

聊至深夜,同榻而眠,吕碧城一觉醒来,睡眼惺忪,一眼看见秋瑾穿的男靴,吓了一跳,睡意全消,仔细看才想起是秋瑾女士,拿出自己的妆奁给她梳妆……闺中密友般的趣事,吕碧城念念不忘。

秋瑾个性豪爽,喜欢穿男人的装束,举止也是英姿飒爽,丝毫没有女子的娇柔,说话时语速快,用词干净利落,表情达意十分精准,学识渊博而不吝赐教,吕碧城和她在一起交流,心无旁骛、一点即通,彼此似乎有说不完的话。

"君子见大心广,心地坦然,从容舒泰而不骄矜做作;小人略有所见,即自以为是,意气飞扬,把一世界人都不放在眼里,没有一点安详舒泰的气象。"

秋瑾虽然是眉清目秀的女子,却胸怀大志,举止从容,从里到外散发着自信、自强的光芒。从秋瑾身上,吕碧城感受到一种无畏无私的精神,不由对她刮目相看。

珍贵的友谊建立在志同道合、互相欣赏的基础上,秋瑾对吕碧城也十分欣赏。吕碧城是天生的美人坯子,却不似平常的小女子胸无点墨、目光短浅,在污浊的尘世随波逐流,而是独守一隅以笔代刀,勇敢地剖析社会的黑暗,为自由、独立、文明而战,在这乱世中亦尤为难得。

庄子有言:"鉴明则尘垢不止,止则不明也。久与贤人处则无过。"镜子明亮就没有灰尘污垢留在上面,灰尘污垢留在上面,镜子就不明亮了。能经常与学问深修养好的人相处,潜移默化,就会自觉地扬长避短,修正自身的缺点,也会变成有学问、有修养,少犯错误的人。

虽然吕碧城与秋瑾相聚的时间很短,但两个人互相砥砺道义、切磋人生方向,她们真挚的友谊如明灯高悬,给吕碧城积极而深远的影响。

"人之相知,贵相知心。"两个人惺惺相惜,彻夜畅谈,相互激励,立志要一起提倡女权、倡导妇女解放,天涯同心。

吕碧城与秋瑾相聚短短三天,秋瑾就匆匆告辞离开。离情别绪,让吕碧城万般伤感。"海内存知己,天涯若比邻。无为在歧路,儿女共沾巾。"秋瑾握住吕碧城的手,与她依依惜别。

吕碧城目送秋瑾离去,繁花入眼,人去留香……

日子在充实、紧张和快乐中,似乎变得分外匆促。

每天都有人上门来访,吕碧城一面忙着采访、创作,一面应酬各界名流。随着交际圈的扩大,她对人情世故有了更多体会。

在这许多的来访者中,有的人只是仰慕她的才学或美貌,前来一睹为快;有的表面上对她恭敬有礼,言语神情里却透着尖酸挑剔,让人厌烦;有的是卑琐的文人,怕得罪清廷,话留三分,模棱两可,从来不敢理直气壮地说出点儿什么来……真可谓泥沙俱下、鱼目混珠,像秋瑾那般心胸开阔、诚挚正直的人很少。

对于人际交往间的炎凉冷热,吕碧城怀着一颗平常心,以超然的态度来对待,无论毁誉,一律泰然处之。她不是没有经历过挫折苦痛,早已学会以宽博之心容人、容事。她知道,她不能以自己的标准来要求他人,每个人都有自己的活法和想法,她明确自己应该怎样活着、怎样想怎样做就好。

当一个人去埋怨别人趋炎附势,看见别人见利忘义,这说明他自己名利之心未泯;当一个人为陷入人际间的矛盾而苦恼,为别人的评价而患得患失,说明他太过虚荣,而且是极其愚蠢的。吕碧城告诉自己,她没有必要去在意他人或者纠正他人,她应该以公正、光明的心态把个人的好恶放在一边,礼貌周全地迎来送往,以平和的心境为人处事。

忙里偷闲,闹中取静;来去自如,融通自在;毁誉褒贬,一任世情……

这样的吕碧城,把一切处理得井井有条。她从不恃才傲物,从容、大气、恰到好处地接物待人,令每一个和她交往的人各得其所、心情愉悦,在京津名流圈中传为美谈。

绛帷独拥人争羡

芜城惹赋,金谷迷香,梦里旧游暗引。

飙轮掣电,逝水回澜,犹写落花余韵。

记哀音、撩乱紫弦。

琴心因谁绝轸?

半摺吟笺,箧底尘封重认。

还又仙都小寄,波腻风柔,琐窗人静。

云鬟荡影,缟袂兜春,沾遍杏烟樱粉。

最无端、艳冶年光,付与愁围病枕。

问怎把、永昼恹恹,艰难消尽。

三章　绛帷独拥人争羡

名动京津

京津数家名刊纷纷力邀吕碧城担任主笔,吕碧城分身乏术,婉言谢绝,仍然主笔《大公报》。

随着时间的推移,吕碧城对自己的工作和生活有了质疑,她写了那么多倡导女权的文章,写来写去,意思已经明白透彻了,再写得更多,也不过是一种主张,如果落实不到实践中去,也无异于纸上谈兵!而且,如果她只满足于在报业取得的一点点成绩,白天在各种应酬里周旋,晚上筋疲力尽地回到家改稿撰文,这样周而复始,没有了新的创造,一切按部就班,那与虚掷光阴有多少差别?

吕碧城不由想起秋瑾的话:"碧城,你为什么不与我同赴日本,共图反清大业?你这一腔报国之志,若只是在《大公报》上刊发几篇文稿,影响范围到底有限,真正要兴女学、倡女权、破夫纲、求自立,还需要做更大的事……"

记得自己当时回复："予持世界主义，同情于政体改革而无满汉之见。只做文字之役，以启民心智为己任，待根基稳固，日后再作他图。"

时下，直隶总督兼北洋大臣袁世凯正积极推行新政，她倡导新政、力主女权的文章广告天下，得到社会各界的支持，兴办新式女学时机成熟，她应该怎样做，才能把女学兴办起来？

吕碧城望着满天星辰，陷入思索之中……

现在，她早已不是那个寄人篱下，需要委曲求全的弱女子，也不是终日游走四处碰壁的落魄孤客，她比一般人幸运得多，不必为怀才不遇而郁郁寡欢，不必为生计而辗转反侧。她有自己施展才华的一方乐土，可仅仅止步于此吗？她的前路又该怎样走下去？

兴办新式女学！只有兴办新式女学，才能真正实现她的主张和人生理想！

可是，谈何容易啊？

且不说她只有这样的理想，对兴办女学具体的事宜却一无所知，单单是兴办女学所需要的校址、资金和各种繁杂的手续，还有生源、师资、教学设备等，她都无从着手，她想实现这样的理想，怕要如愚公移山般艰难。

一连数日，吕碧城郁郁寡欢。

一个女子，如果整天只注重涂脂抹粉，混迹于各种欢场，为男人争风吃醋,把时间尽数耗费在七零八落的俗事中,那么,她这一生难有亮色。

吕碧城是冷静的,即使在京津名流交际圈中,她备受追捧,她也有自知之明。

所谓"身在局中,心在局外",是必要的生存之道。当局者容易被眼前的种种景象所迷惑,而失去正确客观的判断,浅薄的人会因为听了别人的夸奖而飘然,因为听了别人的诋毁而愤懑,这样受外界干扰,轻易失去宁静的心境,会让自己陷入苦恼中难以自拔,只有超然事外,不被外事外物左右,清醒地知道自己心意所向,对自己有客观准确的判断,才能让自己进退自如。

吕碧城对自己想要什么一清二楚:做自己喜欢做的事,做自己想要做的人。她喜欢做的事不是流连欢场,日日歌舞升平,看别人浮华奢靡、挥霍无度,她想要有自己的事业,靠自己的努力创建自己的天地;她想要做的人不是以色侍人,靠青春靓丽的容貌去博取谁的欢悦,她要做自立、自强的人,不必依赖任何人,不必看任何人的脸色,也不必做任何人的附庸。

可就算她是冷静的,她似乎也身不由己,只能随波逐流。

几乎每天,她都有应酬。去了,吃喝玩乐,唱和应对,转眼天就黑了。曲终人散时,常常已是万家灯火,她走在回家的路上,蓦然就会被源自心底的空虚击中。

"满目繁华何所依,绮罗散尽人独立。"她伫立街头,只觉良辰美景虚设,纵是万种风情,亦是浮云过眼,风去无痕。

　　一天这样，若是天天、月月、年年，一眼望过去，她怕会变成一个风尘仆仆的妇人，伤逝了青春妙龄，一事无成，冷落孤魂般游走人间，不知所为，不知所终……

　　想来惊心。

　　人无远虑，必有近忧。每个女人都曾青春年少、娇颜如玉，每个女人都逃不过红颜渐老、华年不再，没有谁能芳华永驻，亦没有谁能永远是焦点，热闹只是眼前的，公众也是喜新厌旧的，捧你到云端，自会弃你入地狱，人生无常，盛衰何恃？

　　"陋室空堂，当年笏满床；衰草枯杨，曾为歌舞场。""不见五陵豪杰墓，无花无酒锄作田。"盛极而衰，情随境迁，她如果这般沉溺欢场，止步不前，总有一天，人去楼空，她会一无所有！

　　想到这些，吕碧城愁肠百结，无心再应酬。

　　狐眠败砌，兔走荒台，尽是当年歌舞之地；露冷黄花，烟迷衰草，悉属旧时争战之场。盛衰何常？强弱安在？念此令人心灰！

　　前时，读这样的古词，并没有什么特别的感触，可时至今日，此情此景，再来诵读，那字里行间渗透出来的世态炎凉，如一柄冰冷而锋利的剑，长驱直入，直抵心房！

　　狐狸作窝的残壁，野兔奔跑的荒台，都是当年美人歌舞的胜地；菊花在寒风中抖擞，枯草在烟雾里摇曳，都是以前英雄争霸的战场。兴衰成败如此无常，而富贵强弱的区别在哪里呢？想到这些，就会让人无限感伤而心灰意冷。

一点点彻悟词中的意境，吕碧城黯然神伤，前时慷慨激昂的心境似被现实无情的霜雪荡涤摧残了一般，只留下满心的荒凉。

英敛之感受到吕碧城情绪低落，疑惑地问她原因。

壮志难酬，吕碧城把想办女学的事告诉了英敛之。没想到，英敛之告诉她这件事不仅有关国家兴亡，而且切实可行，并对她这个想法大加赞赏。

能得到良师益友的赞同，吕碧城欢欣鼓舞。英敛之介绍她认识严复、严范荪、傅增湘等人，其中，时任天津水师学堂校长的严复是《天演论》的翻译者，是著名的思想家和教育家，他对如何创兴女校以及建校后教育管理十分在行。当他听到英敛之说到吕碧城有兴办女学的想法，也不由夸奖她有志气。

吕碧城得到严复的赏识，对严复在百忙当中不吝赐教十分感激，随后不久，严复收她为女弟子，悉心教授逻辑学原理，并告诉她兴办女学的相关事宜。

有了理想，然后制订计划，一步步脚踏实地按计划去努力，她相信，她一定能把女学创办起来。

拟章程、筹经费、搞注册、邀董事、觅校舍、聘教习、订会议……千头万绪，着实不易。

吕碧城在英敛之和严复等人的帮助下，为兴办女学尽心尽力地奔走。可是，万事开头难，要筹到足够的经费绝非易事。

已经被三个人拒绝出资资助办学了,吕碧城怀着一线希望和英敛之去直隶工艺局找总办周学熙求助,周学熙对这件事不感兴趣,一口回绝,毫无余地。吕碧城再次碰壁,苦不堪言。

英敛之也心烦,但他仍然劝慰吕碧城:"女子学不必大办,但求先有萌芽大佳,诸事从简,自易成耳!"吕碧城听了,想想也是,如果把目标定得太大,实现起来会有更多困难,如果把目标定得低一点,先筹集到少量资金把学校办起来,再用心管理、慢慢壮大,等得到人们的认可,就能得到社会各界的支持了。

英敛之思来想去,认为应该调整办学思路,与傅增湘商议后,让傅增湘先去北京学部,咨询兴办女学的诸多事宜。

问明了办学的程序,傅增湘转告英敛之和吕碧城,吕碧城信心顿增,起草了《女学开办章程》。拿着这样的章程再去募捐办学经费,别人一目了然,吕碧城也少费口舌而事半功倍。

5月,正是繁花似锦、气候怡人的时节,吕碧城却无心赏景,为兴办女学而不厌日夜奔走。英敛之在日记中记下了兴办新式女学之初吕碧城的种种奔劳:

初六日　午后出至方药雨处谈学堂事。俟稍头绪,必须择地会议。

十六日　傅增湘以马车接吕碧城,并函。有时,内人同惠如、碧城回。碧城独去傅处,近暮归。

十七日　午后一点,碧城去傅处,晚六点回。

十八日　晚楼上，碧城与诸人商学堂事。

……

由这些简单的日记，能看到吕碧城忙碌的身影以及她成功的艰难。一个正值二十妙龄的女子，能不被眼前的安逸所羁绊，为自己的理想而不辞劳苦，这是吕碧城过人之处，也是值得后人膜拜之所在。

因吕碧城力主兴办女学，在京津名流中引起新的轰动，有人冷眼旁观，有人热心资助，有人诋毁批判，有人声援支持……一个人前行的路上，总会有好些要围绕左右，有阻挠的，有助力的，有并行的，也有逆行的，冷暖、亲疏也由此可感。

吕碧城兴办女学的信念无比坚定，她相信，只要她坚持下去，就一定能够成功。

年轻的吕碧城，想他人所不敢想，做他人所不敢做，名动京津……

秋水伊人

时间变得仓促而劳碌,快得令她觉得不可思议。

虽然,她现在已声名鹊起,白天迎来送往热闹得很,可那份热闹浮华而烦琐,让她疲于应对,每每在曲终人散的时候备感孤独冷寂。

她的青春,也如此般,在不知不觉中匆匆消逝,而属于她自己的时间越来越少,只到了这夜深人静的时刻,她才能闲歇下来,独自对着窗外苍穹上的那一轮皎月,聆听自己的心跳。而这心跳,随着年龄的递增,越发透出寂寞的萧瑟。

兴办女学还在筹款的环节,种种艰难不一而论,理想如海市蜃楼般飘遥,常常让她感到可望而不可即,她之所以不肯退却,一大部分原因是因为有英敛之的支持。

英敛之,这个男人对她可谓恩重如山。他在她穷途末路的时候,如伯乐般邀她主笔,帮她解脱困境;在她想办女学的时候,倾其所能,全力以助。她和他在一起的许多细枝末节,每每想起,都让她感动不已。

当她遭人诋毁,或因碰壁而心灰意冷时,他鼓励她开导她;他陪她喜陪她忧,陪她一起在烈日暴雨中东奔西走,他为她付出那么多,她何以为报?

本来,她想,努力写出好的文稿,尽心把女学办起来,以不辜负英敛之对她的帮助,可不想,史学家梁元先生无意中看到了英敛之写的诗,字里行间,竟然是情意缠绵,尽是对她无限深情。

稽首慈云,洗心法水,乞发慈悲一声。秋水伊人,春风香草,悱恻风情惯写,但无限惆怅意,总托诗篇写。

吕碧城看了这首诗方寸大乱,英敛之是她的良师益友,对她有再造之恩,他古道热肠又年轻有为,若没有他慧眼识珠,让困顿中的她加盟《大公报》编务,说不定她现在还在为生计愁闷。

可是,英敛之早有妻室淑仲,而且淑仲待她极好。前时,她刚到《大公报》,淑仲带她熟悉各项事务,还带她去日租界"河野照相馆"拍照、去"孟晋书社"买书……淑仲在工作、生活上都对她极尽照料,她又怎么能对不起她?

她一直保留着刊登当初她初试笔墨为《大公报》撰稿、淑仲以"洁清女史"的名义附跋语特为其推荐的文章的报纸,她时时找来翻阅,那一整页的版面,就是她和淑仲的文字。

上面,她写了一首倡导女子效法法国罗兰夫人和爱国者贞德不惜生命、为自由和革命勇敢献身,抒发兴国之志的诗词:

> ……幽与闲,如长夜。羁与绊,无休歇。叩帝阍不见,愤怀难写。遍地离魂魂招未得,一腔热血无从洒。叹蛙居井底愿频违,情空惹。

这首诗词,也写出了她当时身处窘境,想要一展宏图的愿望,透露着有如"坐观垂钓者,徒有羡鱼情"似的迫切。那时,她刚刚接触报业,信心不足,是淑仲给了她支持和信心。淑仲在下面的跋语中写道:

> ……昨蒙碧城女士史辱临,以散莲索书,对客挥毫,极淋漓慷慨之致,夫女中豪杰也……力挽颓风,且思想极新,志趣颇壮,不徒吟风弄月……

洋洋洒洒二百余言,尽是对她的肯定和鼓励。如此古道热肠帮助她的淑仲,她又怎能暗度陈仓,没廉耻地去伤害她?这份报纸是她的珍藏,更是一份恩德!

可是,英敛之对她那样竭心尽力、一片挚诚,她又该如何面对?吕碧城告诉自己,同处一室,日久生情,英敛之对她心生爱慕,是人之常情,但她不愿接受这样的爱。

明确知道自己的取舍,紊乱的心绪平静了许多,吕碧城翻阅着旧时的报纸和诗稿,一时思绪万千……

缫尽愁丝兼恨缕,尘海茫茫欲系韶光住。悱恻芬芳天所赋,蛾眉谣诼宁予妒。说果谈因来复去,苦向泥犁铺垫蔷薇路。五万春华谁与护? 枝头听取金玲语。

……话前身何许,万千哀怨,付与瑶台笛韵。旧谱霓裳,凄断人间芳讯。婵娟共影谁长在? 只是坡仙词俊。更低回,怕说桂林,疏雨茂陵秋病。

闲情所寄,写些诗词自娱,偶尔拿来重温,竟发现字里行间透着淡淡的哀愁和渴望,哀伤身在他乡孤寂难解,渴望有人知心相伴。

吕碧城看着这些诗稿,不由心事重重。谁是她此生可托之人?

她要的爱,是举案齐眉、两情相悦的爱,是忠贞不渝、心心相印的爱,这样的爱,就是浓缩在卓文君《白头吟》里的绝世名句:"愿得一心人,白首不相离。"

执子之手,与子偕老,相看不厌,相守终老……

这样的爱情看似易得,却实在是可遇难求。

那是看似平淡无奇,却是极致恒久浪漫的情爱,你中有我,我中有你,无论贫富贵贱,无论生老病死,同甘共苦,不离不弃。

这样的爱如稀世珍宝，难以寻觅。

"厚地高天，堪叹古今情不尽；痴男怨女，可怜风月债难偿。"

《红楼梦》里悲欢离合，写尽风花雪月，世人吟叹宝黛催人泪下的情爱。可细细回想，一个宝玉，天天身边莺歌燕舞，即使明知黛玉多愁善感，也不肯稍作收敛，今天和晴雯打情骂俏，明天和袭人初识云雨，后天又和薛宝钗对玉去了，这样的风流人物，哪儿来的真爱？

若是真爱了，就该摆脱所有的羁绊，天涯海角，唯拥一人，自食其力，相濡以沫。做不到，便是爱得怯懦、爱得不够纯粹，什么封建礼教的束缚、什么王权富贵的限定，不过是给自己找个借口，以便理直气壮地拈花惹草罢了。

如若真爱到不要命的地步，什么理由都不是理由。

只可惜，痴心女子古来多，钟情男子谁见了？

就说英敛之，他的妻子爱新觉罗·淑仲贤良淑德、才学满腹，是雍正十四弟的直系传人，与英敛之师出同门，当初是英敛之苦求得来。婚后，淑仲相夫教子、勤勉持家，与英敛之夫唱妇随，戊戌变法后，她随英敛之先后逃到香港、越南，后来又回到云南，饱受颠沛流离之苦，还在途中诞下儿子英千里，其中艰辛，可以想见。

有这样的贤妻，英敛之还是情不自禁得陇望蜀，让吕碧城想想都觉得心寒。她不是指责英敛之，而是对男子娶妻纳妾不加约束的社会习俗深恶痛绝，女人们真正成了男人们的衣服，想换即换，毫无愧疚之心，而且不仅没有愧疚，还往往以妻妾多寡为荣辱。

真正的爱情，该是一心一意，且一意孤行、死而后已。

一夫一妻，彼此是彼此的唯一，不只是形式上的你娶我嫁，而是灵魂上的交付与归依。

这样的爱情，她这一生，可能拥有？

"但愿人长久，千里共婵娟。"

爱情到底是什么呢？是否只限于诗人笔下凄婉唯美的诗句，到了现实中便会残败不堪？

元稹痛失爱妻韦丛，伤心欲绝，写下"曾经沧海难为水，除却巫山不是云。取次花丛懒回首，半缘修道半缘君"的诗句，算是千古绝唱了。

经历了大海的波澜壮阔，其他小溪小流就都不入眼了，陶醉过巫山梦幻般的云雨景象，别处的风景就不屑一顾了。虽然常在花丛里穿行，我却再没有了赏花的心思，一半是因为自己在修道，另一半是因为心里只有你。

自然，这里的"花"指的是女子。借景抒情，托物言志，此生唯一所爱，他人无可替代。

可惜，现实中，痴情诗人元稹给亡妻写了再多感人至深的诗句，也不能改变他身为才子的风流本性。元稹31岁，在成都认识了薛涛。时年42岁的薛涛保养得法，徐娘半老风韵犹存，元稹情迷之下，挥笔著就举世闻名的佳作《莺莺传》，其中良家淑女深宵抱枕会情郎的版本纯属自传。

自此，元稹把给亡妻写情诗的激情转给了薛涛，爱潮汹涌，空前绝后。"风花日将老,佳期犹渺渺。不结同心人,空结同心草。"意思是说,即使薛涛是大姐,他也爱她。一场轰轰烈烈的姐弟恋自此拉开序幕,情深意浓了一段日子,元稹辞别回京,不久攀上了高枝,当上了乘龙快婿,在他爱情的花名册上,薛涛也就名存实亡了。

可见,男人的爱情,完全可以说一套做一套,骗你没商量。

而薛涛呢?飞蛾扑火般爱了一场,换来元稹几句虚空的承诺,黯然回到浣花溪,从此形单影只,在一厢情愿的相思中苦度荒年。其情其景,正如崔莺莺思念张生那般——"自别后遥山隐隐,更那堪远水粼粼,见杨柳飞绵滚滚,对桃花醉脸醺醺……怕黄昏忽地又黄昏,不销魂怎地不销魂!新啼痕压旧啼痕,断肠人忆断肠人!今春,香肌瘦几分,搂带宽三寸。"

每段爱情如果断章取义,都唯美感人到催人泪下的地步,可当每段爱情的主角都是同一个男人的话,这些个爱情加在一起算什么呢?逢场作戏,假戏真做,还是朝三暮四、风流成性?

"昔时流水至今流,万事皆逐东流去。此水东流无尽期,水声还似旧时来。"

秋水伊人,在水一方,遇人不淑,痴情空付。可悲的是,这样的故事前赴后继,绵延不绝。

吕碧城感古怀今,又想到自己幼年那一次荒唐的退婚。转眼近十年过去了,那人的样子在记忆里已经模糊,可那些往事却历历在目,那些伤痛也仍然挥之不去。两小无猜,不见得都能喜结良缘,就算结为连理，也难见善始善终的伉俪。

爱情与婚姻，真正是令人向往又令人望而生畏的所在，没有人能预料眼前与你情深义重的人，日后会不会变脸，也没有人能预料，自己在爱情婚姻中是否始终如一，既然连自己都保证不了，又怎么能奢望一眼看到幸福的尽头？

世事难料，其他的事，错了、误了尚无大碍，还可以从失败中汲取了经验从头再来，唯爱情与婚姻，错了、误了，会伤筋动骨，即使努力忘却那人、那爱，伤痛仍在，且与日俱增，会让人胆怯、疑虑，慢慢地失去爱的勇气、失去爱的真诚……

既然这样，暂且不要轻易涉入爱恋吧。事业才刚刚起步，好不容易在天津站住了脚，婚姻大事还需从长计议，她的心伤不起。

满腹心事，幽幽难解，吕碧城蹙眉凝思，把心绪倾于笔墨：

芜城惹赋，金谷迷香，梦里旧游暗引。飙轮掣电，逝水回澜，犹写落花余韵。记哀音、撩乱萦弦。琴心因谁绝轸？半揾吟笺，箧底尘封重认。

还又仙都小寄，波腻风柔，琐窗人静。云鬟荡影，缟袂兜春，沾遍杏烟樱粉。最无端、艳冶年光，付与愁围病枕。问怎把、永昼恹恹，艰难消尽。

"记哀音、撩乱萦弦，琴心因谁绝轸？""问怎把、永昼恹恹，艰难消尽。"琴音无人共赏，永昼艰难消尽，孤身独影，对月成三人，就这般，自吟自叹，自叹自赏，虽有孤寂，却也静逸，不必为情事忧心，不必为离合感伤，乾坤清明，朗月独酌，诗词歌赋，修身怡性，这样的时光，已弥足珍贵。

　　爱需宁缺毋滥，宁为玉碎、不为瓦全……

千帆过尽

初夏的天气就像少女易变的心情，要么晴空烈日，欢天喜地；要么忧郁伤感，阴云密布；难得她平和了，却又扯起漫天的雨帘，把缠绵悱恻的心事细细絮说……

兴办女校正循序渐进，吕碧城每天都需要把当天的事情按轻重缓急仔细排序，然后一件件去做。应酬仍然少不了，无关紧要的，她就推掉。

没有人能面面俱到，除非她愿意违背自己的心意去迎合所有人，可谁都知道，一个人无论怎么做，也不可能令所有的人都满意。时光珍贵如金，她必须学会统筹安排。

人活着，不能太闲，也不能太忙。太闲，就会心生杂念，庸人自扰；太忙碌，整天疲于奔命，功利心太重，就会丧失纯真的本性。

　　吕碧城尽可能调节自己的生活节奏，既不使身心过于劳累，也不像从前有段时间那样，整天沉迷在声色犬马的应酬中。

　　只是，树欲静而风不止，只要有应酬，只要有人际交往，就总免不了人情世故。吕碧城蓬勃的朝气、优雅的谈吐、横溢的才华和靓丽的容貌，令追求者有增无减，真应了缪嘉蕙诗里那句"绛帷独拥人争羡，到处咸推吕碧城"了。

　　在众多的追求者中，有袁世凯的儿子袁克文、李鸿章的儿子李经羲等富家子弟，还有梁启超和汪精卫等社会精英人物。

　　可惜，吕碧城一个没看上。

　　袁克文和李经羲大同小异，纨绔不知世事，终日欢歌宴饮，无所用心，身边的女子来来去去，恐怕连他们自己都已经分不清哪个是哪个，这样的男人大多喜新厌旧，三分钟热血上来，把你捧上天，回头看到新鲜美貌的，翻脸比翻书还快。

　　梁启超是才子，出类拔萃，满怀壮志，终日为革新时政奔走呼告，处于舆论的风口浪尖之上，是时代的中流砥柱，却苦于热情有余，权势不足。他每与吕碧城谈论，不是国家就是时政，语气神情如诲人不倦的师长，吕碧城受不了。

　　汪精卫也是个有为青年，一肚子政治抱负，对吕碧城十分殷勤，可他年龄和吕碧城同岁，年轻气盛得让吕碧城没有安全感。这怎么可以，要知道，安全感对于女人是十分要紧的，尤其对于吕碧城，她已经被一段不靠谱的婚事给伤着一次，说什么也不愿意把自己的未来托付给一个看起来比自己小得多的小男人。

过尽千帆皆不是，高不成低不就，岂是一个"难"字了得。

爱情这回事，原本就是一笔糊涂账。

初恋时，大家都懵懂未开，想法单纯得很，无非是异性相吸，彼此看着顺眼，你来我往说说话、逗个乐儿、做个伴儿，就已经皆大欢喜。相处得久些，觉得合得来就把证儿一领，爱情水到渠成地变成了婚姻，这事儿也就暂告一段落，算是花好月圆了。

可若是这笔糊涂账被初恋搅乱了或者搅明白了，那后来再想恋爱成功就不那么容易了。说是搅乱了，是说其中一个还爱得死去活来，另一个却偃旗息鼓撤兵了，这边厢，日日相思，那边厢，只闻新人笑不闻旧人哭，那这失意的一个，再恋爱，看谁都不如那个负心汉或者负情女，自然难以如愿。说是搅明白了，就像吕碧城这样，经历了一场伤痛，痛定思痛地反思总结了一番，对再恋爱心生胆怯——怕遇人不淑，怕再受伤害，瞻前顾后，固步不前。即使追求的人再多，花样再齐全，她不为所动，冷眼旁观，结果也一样不尽如人意。

当一个女人仔细研究起男人来，就会发现自己似乎进了八卦阵，越是想看明白，越是疑惑不解。男人这种生物天生就是个矛盾体，博爱与薄情并存，且大多表里不一、良莠不齐，又偏偏变化无穷，着实让女人难以揣测和选择。

当然，对于男人来说，也许女人也是一个高难命题，欲求不满、喜怒无常、挑三拣四。

而当一个男人愿意猜女人心事的时候，往往是一段恋情开始的前奏,至于是皆大欢喜还是劳燕分飞,结局难定。

吕碧城惜时如金,没时间没心情与这些男人兜兜转转,因为似乎没有那个必要。富家子弟太浮华虚飘、革命青年太偏执激昂,有才华的没地位,有地位的没才华,有地位有才华的人长得不够好,长得够好的偏偏又早有家室,而这些男人表现出来的统一愿望,就是只想要若干的红颜知己。

同性知己,一人足矣,若是红颜,则数额不限。

红颜知己好,红颜知己是解语花,从来都是阳春白雪不食人间烟火,不哭不闹笑靥如花,浪漫无比又体贴温柔,永远的妆容精致举止优雅;若成了老婆,就变得衣衫不整蓬头垢面,拉长着一张菜色黄脸粗声大气说话,唠唠叨叨不可理喻,终日柴火油盐酱醋茶,说多俗就有多俗,想跟她浪漫温柔都觉得浪费时间,这样的天差地别竟然来自同一个女人,真叫男人觉得不可思议,所以他们振臂高呼,没跟他结婚的女人才叫女人,才值得追值得爱。

于是,家里明明妻儿齐全,还有勇气和胆量买了玫瑰送来,大言不惭地说着感天动地的情话,想让吕碧城甘为红颜的男人大有人在;除此外,身边红颜成群的,也寻思着"多乎哉,不多也",想博得吕碧城青睐,而为其增光添彩的也不乏其人。

女人就好像揣在兜里的钱,多多益善。

若能收藏得到精品女人,才色艺俱佳,用来光耀门楣,那面子上自然是大大的好,至于用完了晾在一边那些后事,完全可以忽略不计。

可是,真正精品的女子,是不肯屈尊降贵,给这些凡夫俗子来装点门面的。

精品女子有自己的傲气风骨,她能靠自己的努力挣来自己想要的生活,根本没必要靠卖笑献媚博取男人的欢心以求得温饱,既然地位平等、旗鼓相当,凭什么给他做点缀?

吕碧城不屑此道,既然无一入眼,索性统统敬而远之,吃自己的饭,流自己的汗,自己的事自己干,她不信这辈子非得靠着谁她才能活得风生水起。

抽屉里的情诗都还没来得及拆看,桌上又多了数封,玫瑰花红的白的正在凋谢,又有挂着露珠的新束送来,吕碧城一律照单全收,哪个都不回应。拒绝了,伤了人家颜面,人家就会对她心生怨恨;不声不哼,有自知之明的自然知难而退,喜欢执着的就悉听尊便吧。

大姐惠如听说妹妹碧城忙着兴办女学少有帮手,就从塘沽赶来帮忙。

惠如与英敛之的夫人淑仲一见如故,两人结为金兰之好。偶尔闲暇,几个姐妹坐在一处闲聊,每每说起这些婚恋之事,都免不了一番感慨。

不说大家倒也没在意,说起来了,便发现有好些有趣的地方。

自古帝王多薄情,嫔妃坐愁红颜老,男子花心是普遍现象,这让女人十分愤懑。可一旦男子不花心了,专宠起来,那似乎愤懑的就不是女人,而是国人了。

当初周幽王为博美人一笑,"烽火戏诸侯",把调兵遣将当儿戏一般玩,结果呢,美人是笑了,国破家亡,百姓怒了;唐玄宗本是一代明君,自从有了杨贵妃,就自此"芙蓉帐暖度春宵,从此君王不早朝"了,结果美色误国,外戚弄权,差点儿把唐朝的江山断送了。

可见帝王不专情还好,专情起来,简直是后患无穷。

说到这些,姐妹们就忍不住发笑。想想倒也应该庆幸,时下,虽然男子仍然可娶妻纳妾,但后宫的规模暴缩,最多也不能超过20个,何况大多男人迫于生计,只得一夫一妻,平常人家的女人也用不着为争宠烦恼了。

只是,男人们欲求不满,稍有点儿本事,就得陇望蜀。

人还是那人,只是心情变了。

淑仲感叹时,吕碧城就难免忐忑。

英敛之仍然对她呵护备至,心有爱恋却藏而不露,他不肯明说,她也不便点明,彼此心知肚明,在一起共事,努力相安无事。

吕碧城小心翼翼地维持着安全的距离,英敛之睿智明澈,他懂得她的婉拒,仍然一如既往地帮助她。可这样的距离,如一层薄薄的窗纸,捅破了,要么两人不欢而散,要么就干柴烈火,想要这般长久地和平相处,怕是很难。

吕碧城揣着这些心事,淡淡地笑着,听她们聊,尽力不往心里去,她有她的一定之规,给人当妾的事她断然不肯,入不了眼的男子,也断不肯屈就。

缘分强求不来,慢慢等就是。

"碧城,你别太挑剔,我看胡惟德就不错,虽然岁数大了点儿,个子矮了些,不过他身居要职,前时还托傅增湘跟你说媒,对你十分有诚意……"

一天,淑仲突然这样劝她。

这个胡惟德已有四十三四岁了,白胖的脸,蓄着两撇日式的小胡子,眉目敦厚斯文,时任钦差大臣,夫人病逝。他对吕碧城十分爱慕,先是托时任直隶提学使的傅增湘做媒,被拒绝后心有不甘,又写信给她老师严复,结果严复的夫人朱明丽收了信,一时给耽误了,许久才给了严复,严复跟吕碧城说起这事时,吕碧城却听说胡惟德已经和一个美国女留学生在交往了。这样急不可耐续弦的男人,不要也罢了。

吕碧城笑笑,简短地说:"不合适。"也不再多解释。

"碧城,你别太在意男人的一心一意,古往今来,有几个男人一生只爱过一个女人?男人都是这样的,结了婚,生了小孩,女人看着小孩长大,这一生就算圆满了,男人又去爱谁,睁只眼闭只眼也就过去了。"淑仲从旁劝导,说出的话也不知是有意还是无心,"当年卓文君和司马相如爱得轰轰烈烈的,司马相如追求卓文君费尽心思,后来不也爱上别的才女了,可卓文君不过作了一首《白头吟》,司马相如就回心转意了,两人继续和和美美地过。所以呀,男人犯了错不要紧的,妻子能有手段让他回头才要紧。"

吕碧城听着有些别扭,司马相如即使回头了,卓文君的心也是萧瑟寒冷的,何况司马相如并不代表别的男人在这种情况下都可以悬崖勒马、回头是岸,有多少女人即使一哭二闹三上吊,也不能挽回变心的男人？还有那个才女，不又被司马相如耍弄一番，成了伤心人？

想到这些，吕碧城平静的心绪又变得一团乱，脑海里，不期然便浮现出那首《凤求凰》来：

> 有一美人兮，见之不忘。
>
> 一日不见兮，思之如狂。
>
> 凤飞翱翔兮，四海求凰。
>
> 无奈佳人兮，不在东墙。
>
> 将琴代语兮，聊写衷肠。
>
> 何日见许兮，慰我彷徨。
>
> 愿言配德兮，携手相将。
>
> 不得于飞兮，使我沦亡。

这般精美绝伦、相思成灾的诗，若不是司马相如爱到了极致，也不会即兴唱出这般直率、热烈而华美的诗曲。卓文君听了怦然心动，不顾司马相如家境贫寒，对他一见倾心，不顾一切与他私奔，并与他同甘共苦、毫无怨言，一时传为佳话。

可是，这般感天动地的恋情依然险些夭折，司马相如后来志得意满，当上了长安中郎将，不只与别的女人苟且，甚至还动起了休妻的念头，并付诸行动，百般刁难卓文君。卓文君斗智斗勇，总算让司马相如打消了休妻的念头，自此相安无事……

又是一个令人伤感的故事。

　　若是让吕碧城来解读这段史事，她的想法与淑仲完全不同，像司马相如这般有难可同当、有福不能同享的男人，她才不屑千方百计去挽留。镜子碎了就是碎了，修补得再好，裂痕仍然狰狞，她做不到卓文君那般忍辱负重，百般委屈还要低声下气求他，索性一刀两断，从此萧郎是路人！

　　吕碧城沉默许久，她站起来走到窗前，只觉得一口浊气团堵在胸口，难以舒畅……

锦书难托

　　浙江秋璇卿女士，自号鉴湖女侠，慷慨激昂，不减须眉。素悲中国教育之不兴，国权不振，以振兴女学为栽培人才之根本，乃于上月初九日由京起程，游学日本。日前，寄书于其寓津之女友碧城云："二十日到东京，即进实践女学校。一年后进师范学校。"并云"彼国妇人无不向学，我国女子教育需材甚急，我同胞能多一留学生，即他日多一师资"，云云。志之以为中国女子之劝。

　　日昨，秋璇卿女士由日本东京实践女学校来函，致吕碧城女史云："东京前有共爱会社，嗣又中途废止。今在东女学生，计有三十余人，来者日多。今余与陈撷芬女士重兴共爱会，实行共爱会之宗旨。并设女招待一员，照拂女学生之来东及入学校等事。祈普告同志,倘愿意来东留学者,或电达横滨山下町一百五十一番地陈撷芬,或东京中涩谷实践女学校秋瑾。"

自秋瑾与吕碧城依依惜别,远去日本东京留学后,常常给吕碧城来信。吕碧城把这些信与倡导女权独立的主张相融合,在《大公报》上发表了《中外近事·女界之光》等数篇文稿,在读者中产生了很大反响。

吕碧城与秋瑾书信不断,彼此互相勉励,友谊浓厚。

1905 年 12 月 25 日,秋瑾结束了一年多的留学生涯,于第二年 2 月中旬从上海回到绍兴。她先是在吴兴的浔溪女学堂当教师,结识了不少仁人志士,一起加入同盟会。后来,秋瑾又在上海筹办《中国女报》,秋瑾担任社长以及发行人,力邀吕碧城为《中国女报》撰写文稿。吕碧城欣然提笔,给秋瑾写了《女子宜急结团体论》等多篇文章,其中多有震撼人心之作:

吾今欲结二万万大团体于一致,通全国女界声息于朝夕,为女界之总机关,使我女子生机活泼,精神奋飞,绝尘而奔,以速进于大光明世界,为醒狮之前驱,为文明之先导,为迷津筏,为暗室灯,使我中国女界中放一光明灿烂之异彩,使全球人种,惊心夺目,拍手而欢呼,无量愿力请以此报始,吾愿与同胞共勉之……

吕碧城这些慷慨激昂的文章为《中国女报》锦上添花,吸引了不少仁人志士争相购阅。遗憾的是,后来,因经费困难、秋瑾奔走革命无暇顾及等原因,《中国女报》被迫停刊。

《中国女报》停刊后,秋瑾奔赴金华、处州等地,联络华龙会、双龙会、平阳党等会党组织,研究整顿光复会,并以"光复汉族,大振国权"八字为序,将光复会员与党群从组织分编为八军,以徐锡麟为统领,在安徽、浙江两地同时举义而惨遭失败。秋瑾被捕,不久就义于绍兴城内古轩亭口。

听闻秋瑾被捕并英勇就义的消息,吕碧城悲痛万分。

回想两人在那一面之缘里相谈甚欢,拥有共同理想彼此勉励的浓厚情谊,吕碧城忍不住写下一首《蝶恋花》以示悼念:

寒食东风郊外路。漠漠平原,触目成凄苦。日暮荒鸦啼古树,断桥人静昏昏雨。

遥望深邱埋玉处。烟草迷离,为赋招魂句。人去纸钱灰自舞,饥乌共踏孤坟语。

然而,天有不测风云,令吕碧城没有想到的是,清政府对党人大肆搜捕,在审理秋瑾一案时,从秋瑾大量的文稿、信函、电文中发现两人来往密切,竟然认定她是秋瑾的同党,要逮捕她!

惊闻噩耗,吕碧城惶恐不安,特别是当她听说另一个报业主笔吴芝瑛也已被关入狱,更加惶惶不可终日。天降横祸,让她防不胜防,而往日对吕碧城心怀嫉恨的报业同仁逮着良机，对她妄加诽谤，不择手段地落井下石。

那样的情形，一如当年，她和母亲、姐妹惨遭家变时的境遇。

难道这世间到底容不下她？难道她这一腔爱国之志都错了？吕碧城愁闷难解，当袁世凯的次子袁克文来信邀约时，吕碧城烦心之下，回了他一首《声声慢》：

听残腊鼓，吹暖饧箫，凤城柳弄轻烟。检点春衫，宵来换了吴绵。啼莺唤愁未醒，银屏深，惯倚恹恹。朦胧语，问人间何世，月地花天。

还剩浮生几日？尽伤心付与，浅醉闲眠。无赖斜阳，到底红到楼边？繁香又都吹尽，贵冰毫、多事题笺。人空瘦，到明朝、怕启绣奁。

信回过去了，吕碧城也没多想，这个袁克文对她情有独钟，多次向她表白爱意。可这个据说"十五岁作赋填词"，且诗才确实高超清旷、古艳不绝的男人，一直都追求任意情性的生活，他想要绝对的自由，从不愿在意别人的感受，他自谓"贵公子、纯文人"，虽然人长得风流倜傥，但终日游冶嫖妓，花天酒地，年纪轻轻，家里光姨太太也已经有六七个，他还高唱着"娶妻求德、纳妾重貌"的调调到处拈花惹草。这种人，吕碧城见了就烦，哪有什么心情跟他牵扯？

索性这一首词打发了他去，再不要来烦她才好。

7月的雨，别样恼人，细细碎碎，终日纠结不散，半月都不见阳光，老是这般昏天暗地，让人心情压抑到了极点。

兴办女学的事也迟迟没有进展，吕碧城一面担心自己的安危，一面又为兴办女学种种烦琐的事劳心，实在不堪重负。常常是一天下来，她一声不哼，坐在屋子里看着窗外的雨帘借酒浇消愁。

"抽刀断水水更流，举杯销愁愁更愁。人生在世不称意，明朝散发弄扁舟。"昔日诗仙李白如此酒后豪言，其背后，莫不是世事多艰、苦闷无助的惆怅。千古绝句凝练优美，后人吟诵只知其句不谙其境，不过是浮于文字表面附庸风雅罢了，可时至今日，吕碧城身临其境，对这诗里的无奈与苦恼心有戚戚，不觉双泪垂落，泣不成声。

这一路，她实在走得很辛苦，事无巨细、尽心竭力，无论遇到什么挫折，她都努力保持乐观的心态去面对，她一直相信事在人为，只要她付出足够多的汗水，就一定能实现心中的梦想。

可是，谁能想到，她也会获罪？她所写所做的事，都是于国于己有益无害的事，为什么会被那么多人诋毁？

吕碧城苦闷难当，对一切疑惑不解，一头冲进冷雨，放声大哭。她不明白，这朗朗天地间，她应该怎么做才好。

这期间，听说袁克文又迷上了青楼里哪个知名的歌妓，两情相悦，一拍即合，他又多了一个小妾。刚娶了小妾没两天，儿房小妾争风吃醋，以致大打出手，其中一个闹得太凶，惹得袁克文不堪其烦，一纸打发了，杀鸡儆猴，才使得其他几房小妾噤若寒蝉，再不敢闹腾了。

这些乱七八糟的事，被人们津津乐道，吕碧城对袁克文越发反感,他再来信,吕碧城一律不看也不回。

这世间,真情何在? 真理何存? 吕碧城叩问苍天,苍天无语,只是这般,冷漠地、不紧不慢地,把淋漓的雨洒落世界的每个角落……

正当吕碧城抑郁寡欢的时候,老师严复应袁世凯之邀,请吕碧城同往袁府拜访。

无端请她去做什么? 吕碧城一头雾水,可拗不过老师,她只好跟着严复去了。

到了袁府,但见碧瓦飞甍、院舍堂皇,满院的奇花异草散发着清闲淡雅的芬芳,姿态万千的蝴蝶在花间翩翩起舞,趣味横生。吕碧城正看得入神,从那边花廊下,一个翩翩少年含笑走来,双目神采奕奕地看着她。

袁克文? 难道是他想请她来的? 吕碧城心里一紧,有些不知所措。

袁克文走到她面前,彬彬有礼地引她和严复来到其父袁世凯的跟前。袁世凯上下打量了吕碧城一番,满意地微笑点头。

吕碧城越发迷惑了,却听袁世凯笑着说:"吕碧城,我读过你很多篇文章,你是个难得的人才。严复多次向我鼎力推荐你,说是你想兴办新式女学。这个想法不错,我支持你,允你协助傅增湘筹办女学,相关经费问题,我会通知天津道尹唐绍仪,让他拨款赞助,让你们尽快把女学办起来。"

吕碧城大喜过望,可转念一想,不由愁眉紧锁,她说:"兴办女学的确是我的愿望,可眼下,怕我已大难临头,等不到女学兴办成功那一天了……"

"这你不必过虑,我父亲已经把你的事解决了。"一旁的袁克文轻松地说。

"是啊,解决了。"袁世凯说,"法部公文送到我直隶总督府的时候,我一看竟然是要逮捕你,就对他们说,'你们要抓吕碧城,恐怕先得问个清楚,她是我在天津创办公立女学堂要聘用的新学人物,如果只是因为认识秋瑾、有书信来往就要抓人,那好,你回去告诉你们的尚书,我与吕碧城也认识,也有书信往来,是不是连我也一起抓走啊?'法部的人听了,这事也就搁下了。"

"这是真的吗?"吕碧城有些难以置信,原本以为天都要塌下来了,没想到她不但转危为安,连兴办女学的事也柳暗花明了。

"自然是真的,碧城,你不是整天东奔西走想要兴办女学、一展宏图吗? 袁总督都开口了,你放心就是。"严复看她惊喜得半天说不出话来,忍俊不禁道。

"实在是太好了。谢谢您,袁总督,我一定会好好创办女学……"吕碧城连声称谢。

谁知,袁世凯指了指袁克文说:"你要谢还是谢他吧,是他告诉我这件事,他呀,对你仰慕已久,尤其对你的诗词赞不绝口呢。"

吕碧城听了,不由一愣,再看向袁克文,他正深情款款地看着她。

若是换了别的女子,袁克文这般鼎力相助,她一定会感恩戴德,不顾一切投怀送抱。可吕碧城没有,她虽然对袁克文的帮助心存感激,但她绝没有因此而接受他的感情,因为她知道,对于袁克文来说,她与那些歌妓并没有什么不同,她不过是他一时心血来潮,想要亲近的女人罢了,他对她的感情,怕只是一时兴起。

"多谢袁公子。袁公子过誉了,碧城愧不敢当。袁公子聪慧,金石书画无一不精,碧城岂敢班门弄斧。"吕碧城斟酌词句,得体地应对。

"哎,寒云素好虚声,学步名士。古人讲以文会友,你是文坛才媛,今后给他多加指点,不必过谦。"一旁的袁世凯忙接话。

吕碧城不好再推辞,默默点了点头。

就这样,开始了一段交往。

偶尔闲暇,吕碧城会和袁克文一起踏雪寻梅、雨后观花。

慢慢了解一个人……

他不过 18 岁,比她还小,诗情才思和她旗鼓相当,并不似她想的那般玩世不恭,反而别样多愁善感。当他出口成章时,她看他眉目舒朗、神色爽逸,似从古典里某段爱情片断里走出来的翩翩少年,吟风弄月,恬淡纯净。

可他到底早已不是纯白的少年,他有那样的家世,如一块上好的美玉长久掉进了杂色的染缸里,沾染了许多恶习。慈母多败儿,袁大夫人对袁克文宠溺得没有章法,任其为所欲为不加管束。袁克文从 11 岁那年,就随哥哥进了烟花柳巷,吃、喝、嫖、赌、抽,样样俱全,他那满腹才情,也多用来陪着歌女们调情去了,少有用到正经地方的时候。

如此，她与他，便是殊途。

喜欢沉溺声色犬马、娇生惯养又诗才横溢、风流倜傥的袁克文，对吕碧城投入了前所未有的激情，可吕碧城总是淡淡的，让他感觉明明就在眼前，却与他总隔着千山万水，他想要努力跨越过去，那山山水水却总是固执地间隔着那段距离，让他无法靠近她。

他不甘心，动了心思，找信孚银行的董事长、著名诗人费树蔚上门说媒。吕碧城一口回绝："袁属公子哥儿，只许在欢场中偎红依翠耳。"

这话传到袁克文这边，如一盆冷水从头泼下，他失意落寞，却仍然忍不住去找她，听她说话，看她笑颊粲然，便觉得心安神定。再在一起饮酒、论诗，看庭中花开花落，对坐的人，便是这红尘中比陌生人近、比恋人远的那一个。他说，可以吐露肺腑，她听，可以无所用心，彼此是对方最放心的一个，却不能与对方水乳交融。

偶尔，在某个瞬间，她蓦然回眸，看他在花雨中凝思，长身玉立，风神俊秀；或默默呷酒，神色凝寂，双瞳如漆，她也会怦然心动。

若他没有那七八个妻妾，若他能像此时此刻般安之若素、言行沉稳，若他没有……她是否会信他、爱他？会，她知道她会。可生活没有如果，他也早已习惯成自然、秉性难改。

若她答应了他，他不过多了一个小妾，亦不过多了一次战功，转眼，新鲜过后，他又该去攻克下一个目标，而她彼时在做什么？袁府二少爷的小妾,跟其他妾们争风吃醋,被家法限制着不能这、不能那,天天独守空门,慢慢变成一个怨妇?

一眼看过去,满目凄怆,而眼前,袁克文给她的这般华丽的情丝,如一个充满诱惑的陷阱,跨进去,她便是万劫不复!

"碧城,如果你介意,我大可让她们散了,独爱你一个,今生今世。"

这样的话,他情不自禁就说了出来。

她笑,不置可否,她知道,这样的话用来听听就罢了,可不是用来信的,因为连他自己都不信。他做不到,即使做到了,她不过是他前时情事的一个终结,也是他后来情事的一个起点,注定是个悲剧。

秋花趁暖开红紫,海棠着雨娇难起。负将尤物未吟诗,长笑成都浣花里……湖树湖烟赴暝愁,望舒窈窕回斜睇。五陵尘土倾城春,知非空谷无佳人。只怜日月不贷少,转眼高台亦成废。女媭琴渺楚山青,未必春申尚林际。

私下里,老师严复写来这样的诗词,劝吕碧城趁着风华正茂的时候早点儿找到意中人结为良缘。

吕碧城听了,反复思量,在给严复的回信中这样写道:

据我看去,今日此种社会,尚是由父母主婚为佳,何以言之?父母主婚虽有错时,然而毕竟尚少;即使错配女子,到此尚有一命可以推委。

至今日自由结婚之人，往往皆少年无学问、无知识之男女。当其相亲相爱，切定婚嫁之时，虽旁人冷眼明明见其不对，然如此之事何人敢相参预，于是苟合，谓之自由结婚。

转眼不出三年，情境毕见，此时无可委过，连命字亦不许言。至于此时，其悔恨烦恼，比之父兄主婚者尤深，并且无人为之怜悯，此时除自杀之外，几无路走。渠虽长得不过二十五岁，所见多矣。

中国男子不识义字者比比皆是，其于父母所定尚不看重，何况自己所挑？且当挑时，不过彼此皆为色字，过时生厌，自尔不终；若是苟且而成，更是看瞧不起，而自家之害人罪过，又不论也。

自由恋爱若是恋错了，恋人反目成仇更令人悔恨伤心，现在如胶似漆，保不定三年后形同陌路，连对方的名字也不愿提起了。看得多了，心便凉了。

吕碧城似乎把婚姻给看透了，此时繁花似锦的爱情，回头不过是满眼悲凉，不爱也罢了。

严复知她心意已决，不再相劝。而袁克文，自此死心塌地在做她的蓝颜，心中纵有万千情种，脸上亦淡定安适，不再纠缠得失，不再表白爱憎，一觞一盏把酒言欢，诗词歌赋无关风月。

可这样的对饮，在袁克文，到底是醉翁之意不在酒，情之所至，言不由衷，何况一个男人爱着一个女人，眼神都可以泄密。到底是要了结的，吕碧城沉吟许久，再对诗，她提笔锦书相赠：

紫泉初启隋宫锁，人来五云深处。镜殿迷香，瀛台挹泪，何限当时情绪！兴亡无据。早玉笙埋尘，铜仙啼露。百六韶华，夕阳无语送春去。

鞓红谁续花谱？有平原胜侣，同写心素。银管缕春，牙签校秘，蹀躞三千珠履。低回吊古，听怨人霓裳，水音能诉。花雨吹寒，题襟催秀句。

心虽不舍，仍要离别，她虽倾慕他绝世的才情，却不愿把这份欣赏与爱情混淆一处。若不然，纵使此刻情浓，亦不过是一场幕落的序曲，与其他年失意后暗自神伤、怨天尤人，不如此时独守那份孤独寂寞，只与他做君子之交。

她到底是个与众不同的女子，不因他家世显赫而屈，不因他挥金如土而媚，他费尽心思，她依然如在云水之巅，此生，就此别过……

春如旧，人空瘦。泪痕红浥鲛绡透。桃花落，闲池阁。山盟虽在，锦书难托。莫，莫，莫！

深闺有愿作新民

大千苦恼叹红颜,幽锁终身等白鹇。

安得手提三尺剑,亲为同类斩重关。

任人嘲笑是清狂,痛惜群生忧患长。

无量沙河无量劫,阿谁捷足上慈航。

苦海超离渐有期,亚东风气已潜移。

待看廿纪争存日,便是娥眉独立时。

四章　深閨有愿作新民

倡导女权

　　说来有趣,人类发展的历史始终离不开一个"争"字,或者说,人类发展史本身就是一部"争斗史"。

　　哪里有压迫,哪里就有反抗,此理放之天下而皆准。

　　自孔子一句"天下唯女子与小人难养也"始,女子便与一个"养"字扯在了一起。可这里的"养"字并不带贬义,而有一种疼爱和宠溺的情感。

　　本来,中国古代,男女因体质强弱有别,社会分工明确,男主外、女主内,互相体贴关爱,相濡以沫。黄梅戏《夫妻双双把家还》里纯朴温馨、充满诗情画意的唱词,与优美婉转的曲调相得益彰,源远流长,千古传唱。其中"你耕田来我织布,我挑水来你浇园",是何等和谐美满;"你我好比鸳鸯鸟,比翼双飞在人间",是何等情深意长。夫妻相亲相爱、同心协力,此情此景简直倾倒众生。

男人管耕种劳作,女人管舞针弄线;男人在外争权夺利求功名,女人在家养儿育女伺候老人。夫妻各有所长、分工明确,刚柔相济、举案齐眉,多好?

若这样看,那时的女子比现在倒要幸福、轻松得多。时下,女人们倒真正是解放了、翻身做主人了,可解放得似乎太过,主人也当得自欺欺人,家务要做、养儿育女责无旁贷、老人要照顾、男人要体贴、工作要完成,真可算是里里外外一把手了,上得厅堂、下得厨房,斗得过二奶、打得过流氓,越发全能起来,男人们乐得轻松,充分享受着女人们哭着喊着要求男女平等的辉煌战果。

这样看来,男女根本无法平等,性别决定区别。也许,对于女人来说,要求男女平等最可喜的战果就是,写休书不再是男人的专利,女人也绝不用把自己的命拴在哪个男人身上——如果实在累得受不了了,或者实在看他不顺眼了,或者他实在不像话了,女人可以主动提出离婚,在古代,这是女人想都不敢想的。

自古以来,也就几个传奇女子试过独立自主,花木兰从军、孟丽君考状元,却还都得女扮男妆、掩人耳目,冒着杀头的危险去干的,而且不论花木兰战功赫赫,还是孟丽君智谋过人,顶的都是"欺君之罪",皇上高兴了,命还能保得住,若遇上了昏君,一时不高兴了,这命留不留得住还是个问题。

由此可见,虽然凡事都会因人而异,不能说在古代就没有幸福快乐的妻子,也不能说在现代就没有命运悲惨的妇人,但男女之间的地位之争,于女人来说,利大于弊,而女人能有读书、工作以及参与社会实践的权利,能有自主、自强的意识并能自觉争取,可以恋爱自由、婚姻自主,这些确实是天赋人权,自然有争的必要。

吕碧城倡导女权,争的便是这天赋人权。

虽然是天赋人权,可在中国传统封建制度的压迫和摧残下,大多数女人享受不到做人的权利,她们的命运基本是悲剧。

若单纯是一夫一妻、男耕女织,那这样的搭配、这样的分工实在是顺应天理。问题是,在古代,这样的家庭一般仅限于穷苦大众——不是男人们不想三妻四妾,是他们没那个能力。男人有钱就变坏,这在古代,绝对是颠扑不破的真理,到了现代,这"真理"还后患无穷,不知道是女权争取得不够彻底,还是女权争取得过了头儿,反正这一社会顽疾实在难以根治。

中国男女间地位严重失衡,除了在古代历朝历代帝王宫宦之家尤为严重外,从整体社会发展来看,是从宋儒理学开始的。

本来,在唐代,从皇宫公主后妃到民间妇女,女子改嫁再嫁是普遍现象。女子的社会地位并不卑微,武则天敢于称王称帝就是最有利的证明,那时,举贤不避亲仇,女子有才也可为官,男女平等、政通人和。

人言夫妇亲,义合如一身,及至生死际,何曾苦乐均。妇人一丧夫,终身守孤子;有如林中竹,忽被风吹折,一折不重生,枯死犹抱节。男儿若丧妇,能不暂伤情;应似门前柳,逢春易发荣,风吹一枝折,还有一枝生——为君委曲言,愿君再三听,须知妇人苦,从此莫相轻。

　　唐代著名诗人白居易曾作此首《妇人苦》,就明确指责要求妇女守节是不公平的,男人对女人应该珍视、珍爱,主张男女在家庭、社会地步上应一视同仁。

　　到了宋代开国初期,女人的社会地位并没有多大变化,女子有自主权,再嫁也无可厚非,而且,社会也在一定程度上重视女子地位及提高女人修为素养。如范仲淹支持母亲再嫁;司马光主张女子要博学多识,读《论语》《孝经》等书以修身养德。

　　司马光著《资治通鉴》,以"鉴前世之兴衰,考当今之得失",主张女子"为人妻者,其德有六:一曰柔顺,二曰清洁,三曰不妒,四曰俭约,五曰恭谨,六曰勤劳"。实在无可挑剔,即使现在,这六德也是女人婚姻幸福必备的德行。而他在《训子孙》一文中说:

　　夫,天也;妻,地也。夫,日也;妻,月也。夫,阳也;妻,阴也。天尊而处上,地卑而处下;日无盈亏,月有圆缺;阳唱而生物,阴和而成物——故妇专以柔顺为德,不以强辩为美也。

　　如此把夫妻与天地日月及五行之道相提并论,把男人比作天、日,把女人比作地、月,一阳一阴,阴阳调和,乾坤有序,相辅相生,即使其中用了一个"卑"字,体现的还是男女平等的思想。

若只是这样发展下来,男女互助合作,社会繁荣富强,像吕碧城这样的进步人士也便无须倡导启女智、兴女权了,可中途却冒出个宋儒理学,彻底吞噬了原本健康的社会理念,造就了男尊女卑的社会制度。

宋儒理学的开山鼻祖是周敦颐,他那首《爱莲说》以一句"出淤泥而不染,濯清涟而不妖。"而千古闻名,表达了他洁身自好、不与世俗同流合污的高洁情操。他在著《通书》中说:"礼,理也;乐,和也。阴阳理而后和。君君、臣臣、父父、子子、兄兄、弟弟、夫夫、妇妇,万物各得其理,然后和。故礼先而乐后。"的确是至理,大家各就各位,各为其主,各谋其政,相安无事、天下太平,一点儿错都没有。

可他的这些学说传到他两个做梦都想青出于蓝而胜于蓝的徒弟——程颢和程颐那里,就给跑了调儿,他俩闲着没事就开始互相切磋研究起来,最终使得宋儒理学面目全非。

《近思录》中有这样的记载:

或问:"孀妇于理,似不可取,如何?"

伊川先生曰:"然!凡取,以配身也,若取失节者以配身,是己失节也。"

又问:"人或居孀贫穷无托者,可再嫁否?"

曰:"只是后世怕寒饿死,故有是说。然饿死事极小,失节事极大!"

"饿死事极小，失节事极大！"自此，女人的命运急转直下，开始了漫长而又黑暗的奴役之旅。

再经过宋朝后期、元、明三代，社会对女人苛刻到无以复加的地步，夫死守节自然是天经地义、不容置疑的事。这时，男人死了，女人终身守节守寡已经不算事儿了，连命都得赔上才算完——即使未嫁夫死，女人也要尽节或者陪葬；若是生病了，不能看男医；如果不幸被别的男人调戏或奸淫了，自然全是女人的过错，轻则打，重则沉塘或责其自尽……

到了清代，闭关锁国的政策下，国人把对节妇烈女的崇尚推至极致，清政府明令表彰各类要名声不要性命的贞节烈女。

这样的政策和制度一方面致使女人们对男人无条件服从，把丈夫的生命看得高于一切，无论他提出怎样无礼的要求，也不管他做了什么伤天害理的事，作为女人都要唯命是从；另一方面使重男轻女的陋习愈演愈烈，男人在家庭中有至高无上的地位，无论对错，说一不二。

这种制度下，男人可以为所欲为，女人必须顺从男子，即使明知是错的也不敢违逆，真正如"君要臣死，臣不得不死"一般地位凄惨。女人从身体到精神都没有自由、自主可言，充其量也是男人的玩物、生育的工具、家务的奴隶，足不出户、孤陋寡闻，可以说跟家里圈养的鸡鸭没什么本质的不同。

清代中叶，随着西方的坚船利炮打进中国，西方女权思想对中国传统文化也产生了深刻的影响，男女平等的思想日益深入人心。

吕碧城顺时应势，自供职于《大公报》起，就为中国妇女的解放摇旗呐喊，并顺应时代的潮流，系统地提出了自己独特的女权思想。她发表了大量文章，用生动的笔墨明确地倡导女权，宣扬以争取男女平等为核心的妇女解放思想。

她引用大量西方"天赋人权"、人人自由平等的思想，批判中国千百年来歧视、压迫女性的封建制度和伦理纲常。她认为无论男女，既然都是人，就应该享有同等的权利和义务，并奋笔疾书："使男女平等，无偏无颇，解其幽囚束缚之苦，御其凌虐蹂躏之残，复个人自主之权。"

女学之倡，其宗旨不外普助国家之公益、激发个人之权力二端。国家之公益者，合群也；个人之权力者，独立也。然非其独立之气，无以收合群之效；非藉合群之力，无以保独立之权，其意似离而实合也……

她在《论提倡女学之宗旨》中点明，女权要求女子做到个人独立，然后能参与社会活动，所以应该重视个人能力的提高，并在提高个人素质的基础上，在社会群体活动中实现自己的人生价值。她言为心声，身体力行，靠自己不懈的努力实现自己的政治主张和人生理想。

夫以二万万之生灵，五千年之冤狱，虽必待彼苍降一绝世伟人，大声疾呼，特立独行，为之倡率，终须我女子痛除旧习，各自维新，人人有独立之思想，人人有自主之魄力，然后可以众志成城，虽无尺寸之柄，自能奏奇功于无形，获最后之战胜……

在《兴女权贵有坚忍之志》中，她构想了一个女权理想实现后的宏伟蓝图，举国女子人人有独立思想，有自主的魄力，不必依靠他人而活得扬眉吐气，女人们充满智慧，从而使国民素质得到极大提高，国家因此而强盛……通过这样的构想，她的论述明确指出挽救民族危亡必须自立自强，兴国必要重视教育，重视启女智、兴女权。

大千苦恼叹红颜，幽锁终身等白鹇。

安得手提三尺剑，亲为同类斩重关。

任人嘲笑是清狂，痛惜群生忧患长。

无量沙河无量劫，阿谁捷足上慈航。

苦海超离渐有期，亚东风气已潜移。

待看廿纪争存日，便是蛾眉独立时。

在《写怀三首》中，她以豪壮的诗句、前瞻的目光，鼓舞中国女性革新观念、与时俱进、争取女权。

总之，吕碧城勤练笔墨，一面着力分析"兴女权"的必要性、紧迫性、合理性和必然性，一面指明兴女权的道路——经济独立、兴女学、参与社会实践、实现自身价值。有了这些理论基础，她又勇敢积极地筹办女学，力求把理论与实践高度结合，实现自己的强国理想。

一个女人，敢想、敢为、敢当，就足以独当一面、傲视群芳……

筹办女学

今日之世界，竞争之世界也。物相竞争，优胜劣败，固天演之公例，而我中国不克优胜于世界者，其固何在？愚弱而已。何以愚？不学则愚也；何以弱？不智则弱也……近日欧美之日臻于富强，互争雄于二十世纪者，亦由学校之盛而已，故学校者，教育之地，人才所出之渊薮也。凡国家欲求存立，必以兴学校、隆教育为根本……故立国之道，在有完全美善之教育，以培植根本。不然，虽有财而不能为我享，虽有人而不能为我用，尚安望争雄于各国，竞存于世界乎？故今日中国者，欲求富强之根本。非兴学校为普通强迫教育不可。

吕碧城在《教育为立国之本》中，把当时的中国与西方各国在教育上的差异进行了对比,宣扬兴办女学的重要性和必要性,重视教育是救国、兴国的根本,而兴办女学、提高女子的地位和素质更是关系国家兴亡,因此,她把兴办新式女学作为实践自己理想的奋斗目标,并为实现这一目标付出了艰辛的努力。

8月的津门,骄阳似火,经过7月连阴雨的洗礼,到处绿意流泻,一派生机。

吕碧城为筹集学款而费尽艰辛,正困难重重之际,又受秋瑾事件连累,险些有牢狱之灾。好在峰回路转,总督袁世凯出面,不只让她幸免于难,还得到重用,袁世凯许她协助戊戌进士傅增湘筹办女学,天津道尹唐绍仪等官吏拨款赞助。

几经磨难,吕碧城女学筹办之事终于得以顺利进行。

吕碧城欢欣鼓舞,和英敛之等人选定海河北岸三马路随宝实旧宅做校址,召集相关人士召开会议,到会的有王铭槐、林墨青、方药雨、严修、傅增湘、英敛之、严朗轩等人,会议由吕碧城主持。

在会议上,吕碧城主持大家就拟订章程、商议房舍布置及相关教学工作等具体事宜展开了讨论与协商,大家满怀热忱,各抒己见。吕碧城对大家的提议进行了全面的整理,达成一致。会议后,吕碧城和英敛之商量公布女学堂章程,吕碧城建议先排印数份送各议事员和严朗轩审定,英敛之同意。于是,吕碧城便连夜把女学堂章程起草了出来。

不久,《大公报》刊登了"倡办人吕碧城"发布的《天津女学堂创办简章》,《简章》中明确公布了开学日期及报名简章。同时还公布了吕碧城被聘任为总教习(教务长),傅增湘为监督(校长)。

她的理想,终于见诸报端,得以实现!吕碧城反反复复看着这张报纸,又兴奋又忐忑,彻夜未眠。人们看了《简章》会报名吗?女学能顺利开学吗?像每一个站在成功起点的人一样,吕碧城对明天充满了憧憬与忧虑。

没想到,《简章》一经发出,立刻在社会上引起了强烈的反响,一些进步人士纷纷带头为女儿报名,如梁士诒、徐星叔、彭星伯、仲子风等人。他们的举动起到了良好的示范和鼓动作用,随之者众多,报名人数逐日上升,几天工夫,学员名额爆满。

制订教学计划、决定学校名称、到其他学校观摩取经、购买桌椅、垒炕盘灶……吕碧城一个人忙不过来,就发电报邀请自己的大姐吕惠如来帮忙。

姐姐惠如不遗余力地帮助她,姐妹同心,吕碧城越发信心百倍。

经过紧锣密鼓的筹备,北洋女子公学终于开学了。

开学典礼这一天,校门口围满了人,场面热闹非凡。穿戴一新的师生们排列整齐,鼓掌欢迎前来参加典礼的督署官员、学校董事、捐款贤士和学生家长们,会场上气氛热烈、笑声朗朗。

吕碧城面对台下数以万计的观众、师生和同仁,不由心潮涌动、热泪盈眶。多少个夜晚,她秉烛苦思、统筹规划,多少次奔走,一次次碰壁而百折不挠……现在,她终于能站在这里,站在她梦想飞扬的舞台上,开始她新的征程……

吕碧城按捺住激动的心情主持开学典礼。首先,她带领学生们郑重地行谒孔子礼,完成学生入学仪式。接着她站在主席台上,宣布由董事会凌女士代表学堂监督傅增湘致辞。凌女士在致辞中感谢了袁总督、唐官道大力支持,感谢各界捐资学款人士的热心相助,并宣布北洋女子公学的办学宗旨——"开通女学、普及知识,培植师资、普及教育。"

随后,吕碧城介绍学校的师资情况及教学计划:国文教习刘子和、算学教习沈正增、女教习吕惠如和英文教习德、美籍各一人,等等。课程科目有:修身、国文、历史、作文、地理、家政、算学、理科、英文、图画、手工、习字、音乐和体操等。所开科目十分齐全,而且师资配备合理……

吕碧城听到自己的声音,回响在绿柳成荫的校园里,台下的师生、来宾秩序井然,不时为她的发言鼓掌,那一刻,她此生难忘。天道酬勤,她相信,只要执着、勤奋,终会得到回报。

北洋女子公学,虽然在性质上仍然是家塾式的私立女学堂,但是,它是中国第一所女子学校。它的成立,轰动一时。

但因为大部分人家仍然恪守旧习,对这所女子学堂持观望态度,而有些人家即使愿意让自己的女儿上学,觉得只要让女儿识几个字就行了,也多选择就近的私塾,所以到北洋女子公学就读的学生,大多是官宦、富商人家的女儿,而随着官员的来往调任,学校的学生常会中途离开,上学的学生能真正完成学业的很少。

　　即使这样,吕碧城仍然专心教务,尽心竭力做好学校方方面面的工作。

　　吕碧城一边认真负责学校的工作,一边在《大公报》上进一步宣扬女子教育的必要性。北洋女子公学慢慢地名声远播,前来就学的人也逐渐多了起来。

　　吕碧城认为,女子接受教育不仅为了当好贤妻良母,更重要的是应该做对国家有用的人才,能和男人一样独立自主地参与到社会工作实践中去,女生应该从入学起,就应该树立远大的人生理想,张扬个性,全面发展,为使自己成才而刻苦上进。

　　学校的工作逐渐走入正轨,吕碧城辛勤的付出初见成效,而她的生活因忙碌而分外充实。

　　每天清晨,她都早起制订好一天的工作计划,先把学校的各种事情安排好,然后备课、上课,写教学反思和文稿,闲余时间她就读书,钻研教法、积累素材,让每一天都有所收获。

　　校园里的花静静地开,又静静地落,然后在秋高气爽的时节,悄然结出饱满的果实,红艳艳地挂在枝头……吕碧城每每凝望着那结满红果的枝杈,心中充满了无限的憧憬……

　　可是,吕碧城没想到,不久,发生了一件不愉快的事。

　　因为英敛之的三弟要在上海结婚,发电来邀英敛之前去参加婚礼,长兄如父,英敛之欣然应允。可学校这边事务繁杂,英敛之一时分身乏术,思来想去,他决定把学校里的事情全部交给吕碧城打理。

　　吕碧城责无旁贷，接受了英敛之的委托，可这件事却让原本代行监督之职的凌女士十分不满。凌女士怎么想都觉得吕碧城抢了她的职权，处处跟吕碧城作对，吕碧城开始忍着她、让着她，凌女士越发理直气壮起来，态度变得蛮横无理，连课也不认真上，在学校的各项事务上，更把吕碧城的话当耳旁风。吕碧城气不过，也不想再让她得寸进尺，就与她针锋相对起来。

　　这样一来，两人的关系便十分紧张，每天都剑拔弩张，其他同事屡劝无效。凌女士觉得受了天大的委屈一样，开会的时候，竟然直接大闹会场，让吕碧城不得不中断会议。因为凌女士情绪化特别严重，已经对学校的教育工作造成干扰，吕碧城试着想和她沟通，她也冷语相向，丝毫不反省自己的错处。

　　吕碧城无奈，只好写信向英敛之汇报这件事。结果，英敛之的信还没回来，凌女士竟然先行一步，递交了"允辞董事"的辞呈。没几天，"天津府批"下来了，允许凌女士辞职，凌女士趾高气扬地离开了，临时还鼓动傅增湘，让傅增湘也与吕碧城产生了分歧。不几天，傅增湘竟然也写了请辞。

　　天妒英才，吕碧城莫名其妙被凌女士将了一军，学校事务繁杂，她一时应付不来，只好发电去上海求助英敛之。英敛之连夜赶回，并力邀张连璧、方药雨等人相助，同时在《大公报》上刊登声明："学校事不再参与，一任吕碧城独自属理。"

　　这件事，吕碧城在后来的诗作《法曲献仙音·题吴虚白女士"看剑引杯图"》中提及，她当时心情黯然，为同事为利益之争而反目、离职的事耿耿于怀，对失去这些曾一起开办女学的同事而痛心不已。

绿蚁浮春，玉龙回雪，谁识隐娘微旨？夜雨谈兵，春风说剑，冲天美人虹起。把无限时恨，都消樽里。

君未知？是天生粉荆脂聂，试凌波微步寒生易水。浸把木兰花，谈认作等闲红紫。辽海功名，恨不到青闺儿女，剩一腔毫兴，写入丹青闲寄。

木秀于林，风必摧之。吕碧城才貌出众，容易招来妒忌嫌隙，也是人之常情。而吕碧城性格刚直，从不愿违背自己的意愿去迎合他人，只要她相信是对的，她就会坚持，做事雷厉风行，很少受旁人左右。她这样的个性，如果一事无成就丝毫不会招来什么闲言碎语，一旦她取得了成绩，就会有人议论她恃才傲物、刚愎自用。

一种性格，从不同的角度去评判，评语会有天壤之别。

太过注重别人的评语的人，如折翅的飞鸟，难以拥有广阔的天空，吕碧城深知这样的道理。

经历了凌女士这件事后，对于是非口舌，吕碧城一律不闻不问，只专心做自己的事。

可是，到底人言可畏，想要心无旁骛地置身事外，谈何容易？

同校任教的几个教师不知听了谁的蛊惑，对比他们小得多的吕碧城也懈怠起来，在背后说了好些难听的话，尽是些捕风捉影的猜忌之辞。

在他们心里，似乎，女人，特别是年轻的女子，能干出些名堂的总脱不开裙带关系。文人相轻的劣根性让他们忽略了吕碧城的才华和努力，单单把狭隘挑剔的目光放在了她的美貌上，认定她之所以能少年得志、化险为夷，都是因为善于经营美色，长袖善舞、左右逢源。这样的猜测极大满足了他们的嫉妒心，并让他们底气十足地反对和诋毁吕碧城。

吕碧城汲取了凌女士事件的经验教训，对这些毫无根据的议论泰然处之。日久见人心，她相信只要她把分内的事做好，踏踏实实、勤勤恳恳做人、做事，总有一天，她会用事实证明，她的成功是靠辛勤的付出换来的。

在吕碧城的隐忍和忙碌中，北国冬天的雪又飘飘洒洒飞临大地，她每天顶着风雪在学校与报社间来来回回。偶尔，她会停下来，看洁白的雪花轻灵地旋转，记忆的闸门豁然打开，许多陈年旧事便逆流而来，带给她异样的触动。

几年前，她曾在下着鹅毛飞雪的街门号啕大哭，为找不到工作而愁肠百结，也曾心灰意冷地踩着肮脏的积雪，脚步沉重地往旅馆里走，那时的她在这里还没有立足之地，每天都为明天而苦恼……

至少，现在，她拥有自己喜爱的工作和生活，她的理想正慢慢实现，她能经济独立，做自己想做的事，单单这些，她就应该以感激之心去庆幸，而那些人际交往的纷扰，相对而言不值一提，没有什么可难过的。

任何一个群体，都会有这样那样的矛盾，只不过有强弱、大小、明暗的区别罢了，若整天把时间浪费在排除异己或博取他人欢心上，即使成功了也不值得欢喜。因为那样，她就会陷入纷繁的人际关系中，太过在意他人的眼光，就会让自己严重内耗，老是患得患失、不知所措，就如这雪花，身子太轻，才会被风吹得东飘西荡，难以自主。

找到自己的位置，明确自己要做什么并努力去行动，其他的事尽可能地忽略掉，这样的人生才会收获成功。而这，正是吕碧城想要的人生。

她相信，只要用心，一切尽在掌握之中。她竭力兴办女学，是为了培养有用之才，是为了给有用之才提供用武之地，而不是给那些不分是非黑白、品质低劣的人提供寄生的温床，要提高教学质量，首先要提高师资力量，促使教师们具备良好的道德素养和专业素质。

吕碧城当机立断，对学校师资进行了培训和整顿，留下那些敬岗爱业、任劳任怨的教师，辞退了那些整天搬弄是非、不思进取的人，还明文颁布了一些相关的奖罚制度，进一步激励教师们的工作热情。相关的举措卓见成效，教师们同心同德，学生们勤学不怠，整个女子学堂风貌一新，蒸蒸日上……

一校之长

吕碧城既负责行政管理,又担任国文课教师,她的课寓教于乐、妙趣横生,且内容由浅入深、循序渐进,深受学生喜爱。她善于随时总结、反思和改进,形成了一套独特有效的教育理论和方法。其先进的教育理念主要体现在:中国的女子教育以改造国民素质为本,培养德智体全面发展的"完全之个人"和"完全之国民";女子要享有和男子一样的受教育权利,打破女子教育以识字和家政为主的教育清规,以西方教育为蓝本,对女子必须授予全面的教育;女子教育要大胆任用男教师,以提高女子教育质量;女师的学生,今后不仅做女子学堂的教师,更要做男子的教师……

吕碧城的教育理念和教育方法深入人心,渗透到学校教育工作的方方面面,其他教师也以身作则,与吕碧城同心协力推行素质教育,北洋女子公学很快成为中国现代女性文明的发源地之一。

两年后,北洋女子公学更名为北洋女师范学堂,吕碧城任校长,成为中国近代教育史上女子执掌校政第一人。这一年,她不过23岁。

学校是一方净土,朗朗的读书声伴着充满激情的青春一起飞扬,给人无限的希望和力量。

因为名声在外,前来求学的学生倍增,吕碧城把原来的两个班级,扩展成三个班,学校各项工作有条不紊地进行,教学制度进一步完善,师资水平不断提高,女子学堂办得越发红火了。

吕碧城重视德育与美育、智育相结合,把中国的传统美德与西方的民主、自由思想结合起来,把中国国学业与西方的自然科学结合起来,注重引导学生们树立正确的人生观和价值观。

应各大院校要求,吕碧城将自己的教育理念和教育方法进行了系统的整理和编撰,在《大公报》上进行连载。这篇文论后来成为兴办女学的经典论著,其中有很多精辟独到的看法、做法,对今天的教育仍有良好的借鉴意义。

今日中国女学之当头,有识者固类能言之,无俟数陈矣……盖当此新旧递嬗时代,复杂烦乱,言不一致,是贵乎斟酌损益,而出以权衡审慎之心……总括之,则不外内察特性、外对世界,以确立教育之帜,相其缓急,循序渐进而已。

在"绪论"中,吕碧城言简意赅地说明了写这篇文论的初衷及其作用。她总结出教育的总体规律,要求教育者能根据学生身心发展的规律而因材施教,并结合外界社会的发展和需求来确定教育的内容和相关措施,把各种教学工作分轻重缓急,循序渐进地实施。

凡立国者,必保其国固有之特性,以为基本,所谓精神是也。教育之道,亦必就其固有之特性而扩充之……然,吾国女子之教育为驱策服役而设,小之起于威仪容止,大之极于身心性命,充其量之所极,不过由个人而进为家族主义,绝无对群体之观念,故其所及也狭。欧美女子之教育,为生存竞争而设,凡一切道德知识,无不使与男子受同等之学业。故其思想之发达,亦与男子齐驱竞进,是由个人主义而进为国家主义,故其所及也广。然当此时势,立此世界,有教育之责者,于此二种主义孰去孰取乎?必有所了然矣。故以为今日女子之教育,必授以世界普通知识,使对于家不失为完全之个人,对于国不失为完全之国民而已。

在"教育宗旨"一章中,吕碧城主张根据中国国情,放眼世界,把中国特色教育与西方民主教育有机结合,扬长避短,使中国女学教育民主、文明,使女生与男生享有同等学习与竞争的机会,全面提高女生的综合素质。

为了实现这一教育宗旨,吕碧城采取了相应的教育方法,她在文论中这样总结道:

女学为今日创举之事，必以讲求办法为最要，倘办理失宜，虽有极纯正之宗旨、极完备之科学，而亦不能达其目的、收其效果，徒托空谈而已……

一管理。学校有公立、私立、官立之别，故其职员之组织亦各不同，兹不具论。然而学校与国家同为有机体之物。机体者，如五官百骸之属于脑筋，可以联络贯通，互为作用，故治一校如治一国焉。推治理之意义，实包括一切组织实施、监督护理等事，而总言之，女学校事务繁琐过于男学校，故管理之关系尤重……就事体论，则管理者，校长之责也；教授者，教师之职也。然而教授之于管理，固互相联络，不可须臾离者，则教师之于校长，同兼训练管理之职矣……且一校之务，必校长总其纲，教师理其绪，方能指臂相应，期于全体改进……

二法律。法律为维持社会之要素，一学校，一小社会也，故以法律精严为第一义。或曰法律属形式上之作用，何与乎精神之教育也？……若入其校舍，形式肃然、条理井然，其内容之完善，亦不问可知矣……

三教师之选聘。吾国今日教师之选亦大难矣，而女师为尤难。虽资格不求过高，然必须品性纯正、年力富强、学问通顺者，方可聘用。鄙陋寡德之流，固不堪为人表率，即老弱之辈，亦何能胜任教育之任。盖今日教育至为繁难，体力衰弱，于讲演训练上必失其精神，师生之间亦不能性情融洽，致亲爱之情，于学业之进步，大为阻碍……

四学生之资格。学生之资质，以身体健全，年龄少小为合格者……教育之功，不过栽培之，灌溉之，发达其不足，以至于圆满而已。此就学之年龄，宜为厘定者也。然而学生有特别之性质者，尤当注意。因一校之中，必有一校之习尚，所谓校风是也。

……

吕碧城遵循教育发展规律，从多方面探索提高教育实效的方法，注重以人为本，以培养学生成才为教育目的，全方位地提高学生们的综合素质。她注重德、智、体、美育的有机结合，并在教育实践中总结出很多宝贵的经验。其中有关"德育"的论述精辟而深刻：

德育者，为学界中可进不可退之要点，而又为近世学界中之最难进化、最宜堕落者也……故凡儿童入学之初，虽教以种种科学以发达其知识，而尤须引掖诱导，养成道德之心，以定其立身之基础。否则各种学业虽及发达，而如无舵之舟，漂流靡定，所有智慧适足以济其恶、败其德而已……

一自修。凡人之讲道德，必自修养其私德始。私德者何？即对一己之伦理也……立身之本也，必能自养而后能自立，能自立而后能讲立身之道。

二实践。道德者，能在实行而不徒取其理论也。夫行之维艰，古有明训，任教育者，苟不着意于实践，终难收其效果。吾女子素无与于外事，则以对待家族为道德实践之始，如孝父母、和昆弟、养舅姑、助良人、御婢仆、睦乡党，皆尽其情理……其次则入学交友……必须守法律、维秩序，以公益为怀。凡有骄傲诌媚、骗愚欺诈等情，教师必随处默察，一有所知，必立即纠正，而晓以忠恕之大义……

三涵养德性之法。教育者，贵能矫正其偏颇之性情，而发扬其固有之美德，复授以各种学术，俾熏陶濡染，积久而与之具化，则教育之功达矣……修身为各科之首，课本固须完善，而尤在教师讲演之得法与否，能动人感情与否；文学、哲学为研究一切学理之本，以养其高尚之思想；历史传记载历代兴亡及圣贤豪杰之遗事，是宜取最有兴会之文，以激刺其脑筋，俾想象当年之状态，而发爱国之忱……

　　她认为，一个人的品德比学业是否优秀更重要，如果不重视提高品德修养，人生就会失去正确的方向，聪明才智只会让他坏得更快、更彻底。注重提高自己的道德修养是立身之本，人的一生，应该先修身，再自养、自立，而后形成自己的立身之道，并在生活中随时随地注意完善自我，尽可能推己及人、有错必改，宽以待人，严于律己，学会融合各类知识，从历史兴衰中参悟道理、陶冶情性……

　　在有关"智育"的文论中，她主张学习知识内容要全面，应以数学、物理等科目来培养严谨的思维能力，通过美术学习来提高审美能力，通过掌握地理知识和了解各地方言、风土人情来开阔眼界、增长见识。另外，她提倡学生们要能根据自己的性格及兴趣爱好，发现自己的特长并加以培养和提高，使自己成为学有所成的人才。

难能可贵的是,吕碧城还十分重视体育对于女子身心健康发展的作用,认为增强女子体质是提高国民整体素质的基础,她说:

> 国家者,个人之集合体也,若体育不讲,其害于国家、害于种族者,可胜言哉? 况女子为国民之母,对国家有传种改良之义务……
>
> 一卫生。 教室之中几椅高低之不适度,空气光线配付之不当,休息受业时间之不均,皆有害于身体之发育。 其尤要之点,则饮食是也……至于精神上之卫生,则以树木清旷之地,为学生遨游嬉戏之所,以导其活泼快乐之天机……
>
> 二体操……今欲矫正其体态,则非体操不为功。 体操者,矫正其体态,使之活泼健全也……

这些先进的教育主张,能真正着眼于学生健康成长、成才的需求。吕碧城就这样,把教育当成一门艺术加以研究。她把教育规律与个人成长发展的规律高度统一,由点及面、以小见大地阐明事理,不只是对时下教育的良好借鉴,对任何人都具有劝诫警醒的指导性。而从这洋洋洒洒的鸿篇文论中,更可看到吕碧城思想严谨、深刻,胸襟似海,才情傲人。

吕碧城兢兢业业,诲人不倦。在她的教育下,新人辈出,桃李满园,许多女生后来成为中国杰出的革命家、教育家、艺术家,如邓颖超、刘清扬、许广平、郭隆真、周道如等,对社会发展和进步起到了不可小觑的影响。

重视品德修养，提倡全面发展，注重细节，精益求精，这些先进的教育理论，对当时的教育界产生了积极的引导作用。同时，在吕碧城的影响下，吕氏姐妹先后投身教育事业，大姐吕惠如担任南京两江女子师范学校校长，二姐吕美荪担任奉天女子师范学校校长，妹妹吕坤秀任厦门女子师范学校教员，四姐妹成就斐然，羡煞旁人。

彼时，外面的世界政局动荡，人心惶惶，而吕碧城乱世突围，远离喧嚣，以一颗赤子之心，在校园这片相对宁静的天地中专心执教。转眼间，竟已整整七年。

华年里最珍贵的七年。这七年里，吕碧城潜心教育，颇有建树。

吕碧城主张女权，并通过兴办新式女学培养现代化知识女性。正如英敛之所评价的，她"能辟新理想，思破旧锢蔽，欲拯二万万女同胞出之幽闭羁绊黑暗地狱，复其完全独立自由人格，与男子相竞争于天演界中"。然而，吕碧城又不激进，她把自己的政治主张限定得恰到好处。她虽然与秋瑾一见如故，并在秋瑾主编的《中国女报》上屡发慷慨之词，但她无论是在措辞还是在后来种种实践中，都能就事论事，完全遵从自己的内心理想去做，不受外人的影响干扰。当秋瑾邀请她去东京留学、邀她加入同盟会，她都婉言谢绝。后来成为一校之长，她立足于教育本身，一切言行都以教育学生成才为出发点，没有鼓动学生参与时政，出现过激言行。

她有自己的行事原则，并终生奉行自己的原则，任何时候都不为迎合他人而改变初衷。有主见,敢想敢做,这些都是吕碧城的过人之处。

人生不过数十寒暑,一切是非成败在时光的长河中都短暂易逝,曾经的荣辱兴衰也不过是弹指一瞬,终会被岁月尘封,可是,就因为时光易逝,就因为年华易老,要趁早而响亮地喊出自己的声音,活出自己的光彩。

历史的舞台再多变幻,人生的剧目再多荣辱,上演的也不过是喜怒哀乐、悲欢离合,谁能把自己的名字刻进千秋,谁能活出与众不同的色彩,谁能凭一己之力震慑乾坤,谁能靠勇毅之心独步天下,也便不枉此生。"深闺有愿作新民"的吕碧城,不枉是中国女界的"硕果晨星"。

木秀于林

北国春归，草长莺飞，一切腐朽待以重生。

偏偏这时，吕碧城与先前对她有知遇之恩的英敛之渐行渐远，以致形同陌路；又与二姐吕美荪产生了分歧，渐生嫌隙，这让吕碧城十分痛心。

吕碧城比谁都清楚，这些年，若不是英敛之的帮助，她的事业断不能这般风生水起，可友谊、恩情与爱情绝不能混为一谈，她不能接受英敛之的爱。

她刻意保持与英敛之的距离，却还是让敏感的淑仲察觉到了异样。淑仲自然迁怒于她，前时的亲密友情彻底毁于一旦。

淑仲与吕碧城有了嫌隙，英敛之再与吕碧城在一起，便不能像前时那般亲密殷勤，而随着时间的推移，英敛之对吕碧城也失去了耐心,渐渐不满。

虽然,英敛之一直反对外来侵略,各种政治主张也与吕碧城一致,可英敛之是满族正红旗出身,淑仲是皇族,所以英敛之想要的变法维新,是想通过温和、渐进的改良方式进行,实行君主立宪制度。而吕碧城对清政府深恶痛绝,支持激进的革命党人以暴力手段直接推翻清政府,肃清清朝余孽。

这本来不过是两个人政治主张取向有异,若是前时,也不是什么不可调和的矛盾,可当两个人之间有了隔阂,小的矛盾也会被激化放大,英敛之说服不了吕碧城,便心生怨怼。

或许,这世上本就没有不求回报的付出。而之所以还能华丽地标榜"爱我所爱、无怨无悔",多是因为"所爱"没有拒绝和背叛,若不然,无怨无悔该变成"有怨有悔"了。

面对吕碧城的拒绝,英敛之由最初的欣赏与爱慕转为失望与懊恼,他觉得此时的吕碧城不再是昔日那个才华横溢、单纯可爱的女孩,而变得不通情理、不仁不义。尤其让他不能容忍的是,他痛恨袁世凯,而吕碧城因为袁世凯襄助办学对他颇有好感,还和袁世凯的二儿子袁克文交情匪浅。英敛之屡劝无效,两人一时言语失和,免不了发生争执。吕碧城据理力争,英敛之也不肯妥协,前时的情谊在唇枪舌剑中迅速冰冻。

英敛之夫妇与吕碧城的二姐吕美荪颇有交情,吕美荪初来天津不久,外出时不小心被电车碰伤,身体多处重伤流血,命悬一线。吕碧城把她送去医院后,英敛之每天数次前往医院探视陪伴,事必躬亲,无微不至,直到吕美荪四个月后出院。

因为这件事,吕美荪对英敛之感激不尽,也十分赞同英敛之的观点,帮着英敛之劝吕碧城"回心转意"。可吕碧城仍然我行我素,吕美荪万分失望,姐妹因此失和。

英敛之越发觉得吕碧城不可理喻,对她颇有微词……

吕碧城珍惜这段友谊,可当友谊被附加了更多世俗的爱恨,便成为她生命中不能承受之轻。她茫然不知所措,苦恼万分。

校园前的那条柳巷,她曾和英敛之来来回回同行好多次。晴天时,阳光透过茂盛的枝叶投落满地斑驳的光影,落花碎玉一般错落有致,他们一起踩着那些光影谈笑风生,为确定女学校址而各抒己见;雨季里,他们在这泥泞的路上留下并排的脚印。在那棵粗壮的老柳树下,他们一起避过雨,他以手作伞,帮她撑起一方晴空……

他在事业上给她支持援引,在生活上给她关怀照顾,一点一滴她都不曾忘记。她还清楚地记得,1905年,他把她与两位姐姐的诗作收集起来,编印成《吕氏三姊妹集》,并亲自作序,在序中赞誉她为"祥麟威凤,有男人所不及的远大抱负"。他把编印出来的书抱到她面前,眉梢眼底都是喜色;她看过,心里溢满说不出的感动与感激之情……

物是人非事事休。

吕碧城形单影只地行走在记忆里的每条街巷、每个角落,任往事纷繁重叠。她不是忘恩负义之人,她记得他对她的知遇之恩,记得他的雪中送炭,他古道热肠,他儒雅博学……他是她生命中最重要的人之一,但不能是爱人。

原来,男女的友谊难以长久,要么,化友谊为爱情,两厢厮守一段日子,然后或聚或散;要么,化友谊为怨恨,然后形同陌路、两不相干。

原来,这世上的友谊或者爱情,也会有时令。对于她和英敛之而言,在对的时间里遇见,或在错的时间里相逢,都不过是一段伤心剧目的开始,欣赏也好、倾慕也罢,都是后来失意伤感的铺垫,时间到了,那段情谊就像开败的花,残红如血,满地狼藉。

原来,再美的承诺、再美的诗词,也会随时光褪色,变成一缕生命中可有可无的轻风,还没来得及挽留,却已消散尽净、余香不再。

原来,亲情也会悲凉。这世上,除了自己的影子,没有谁能永远陪你哭、陪你笑,亦少有人能对你不离不弃,而且离开谁,这日子还是一样会冬去春归。

原来,女人要成就一番事业,要么"舍己为人"、恬不知耻,要么破釜沉舟、众叛亲离,而她吕碧城,宁可众叛亲离,也绝不违逆自己的原则!

她站在这段友谊的尽头,蓦然回首,把那点点滴滴的美好往事封存在记忆里,回过头,她仍然一如往昔,展开自己的双臂,拥抱阳光和希望,做自己想做的人,做自己想做的事,此生,她绝不为任何人屈从。

放下满腹心事,吕碧城一如既往地生活。学校开课了,她便穿戴整齐、意气风发去上课;停课了,她便写诗作词,或与朋友出游赏景,偶尔有唱和的诗友,她也挥毫回应。

絮影萍痕、海天芳讯吹来遍。野鸥无计避春风,也被新愁染。早又黄昏时渐。意惺忪、低回倦眼。问谁系住,柳外骄阳,些儿光线。

一霎韶华,可怜颠倒闲莺燕。重重帝网缚春魂,花说灵台满。底说人界天远。忏三生,芷愁兰怨。销形作骨,铄骨成尘,更因风散。

一首《烛影摇红》叹遍新愁旧怨,既写出了自己不被理解的苦闷,也写出了时代新旧更替的悲喜,一咏三叹,前时的慷慨激昂,渐近消弭无踪。

蓦然记起唐代诗人杜甫两首写泰山的诗,一首《望岳》,写于年轻时涉世未深、豪情满怀之际,“会当凌绝顶,一览众山小。”借景抒情,壮志凌云;一首《春望》,写于饱受人间疾苦,国破家亡、感时伤怀之际,“感时花溅泪,恨别鸟惊心。”同样是借景抒情,却字字血泪。同一个人,面对同一座山峰,移情于景,此时非彼时,心境天差地别,两相对照,心之所伤,语不能及……

吕碧城对着眼前的青山绿水,久久缄默不语。此情此景,她曾与英敛之吟诗作合,共赏风月,也曾与二姐吕美荪填词谱曲,同度良辰……往事不再,她孤身独影,满心怅然。

她不是没心没肺,能立刻将前尘往事相忘于江湖,只是她知道,即使让她再做一次选择,结果没有什么不同,她不能因英敛之对她恩重如山就为妾为奴,也不能因姐妹情深而对二姐言听计从,英敛之冷淡她,二姐不再亲近,那就都随他们去吧。她决定不了别人,却可以决定自己。与其悲悲切切,不如笑颊粲然,把那些伤痛尽数埋在心底,冷暖自知也就够了,再多纠结,也是徒劳无益……

这样梳理着繁乱的心绪,突然间就觉得心累。

再回到熟悉的人群中,吕碧城衣着鲜亮,神采奕奕,看不出一丝颓唐。她本来天生丽质,细细雕琢之下,更是艳光四射,走在白墙黑瓦之间的柳巷,风姿绰约如从画卷里走出的绝代佳人,每令行人惊艳驻足。

不想,她这般衣着鲜亮也会引来非议,《大公报》上随后便刊载了一篇《师表有亏》的文章,作者正是英敛之。文章内容言辞激烈地批评几位教习打扮得太艳丽,不中不外、不东不西,招摇过市,有损师德尊严。

当时学堂年轻的女教师屈指可数,也只吕碧城一个,所以文章虽然没有指名道姓,其实也已是含沙射影,吕碧城读后十分愤慨。看在他们旧时的交情上,她可以忍让他,但不能任由公开讥讽辱骂,他这样做是想怎样呢?想让她"知错就改",主动向他认错示好?如果那样,她就不是吕碧城了。

吕碧城忍无可忍,当即挥笔成文,发表在《津报》上,针锋相对地进行了反击。英敛之倒有退路,死不承认他写的文章里批评讥讽的就是吕碧城，这样一来，反倒显得吕碧城无理取闹、小肚鸡肠了。吕碧城出了一口恶气，也不管英敛之如何强词夺理，索性递去一封绝交信，自此一刀两断，恩断义绝。

英敛之收到吕碧城的绝交信，自然满腹牢骚，把一切错误全归咎于吕碧城，悔恨自己识人不淑，并在日记里宣泄不满：

> 碧城因《大公报》白话，詈有劝女教习不当妖艳招摇一段，疑为讥彼。旋于《津报》詈有驳文，强词夺理，极为可笑。数日后，彼来信，洋洋千言分辩，予乃答书，亦千余言。此后遂永不来馆。

"滴水之恩，当涌泉相报。"外人看到两人交恶，多以这样的古训来劝服吕碧城，言外之意怪吕碧城不仅知恩不报，还以怨报德，实在不应该。

吕碧城也不解释，照例我行我素。难道她以身相许就叫懂得知恩图报？英敛之前时帮助她如果心有所图的话，那他的帮助还有什么值得感激的？现在他没有如愿，便处处看她不顺眼，明里暗里说她坏话找她的茬儿，他也算是君子？君子何为？就是这般求而不得便恼羞成怒，气急败坏？吕碧城不屑再与他为伍！

吕碧城的态度彻底激怒了英敛之，英敛之少不得在吕美荪面前抱怨，吕美荪自然觉得吕碧城小题大做，前去指责，结果两姐妹不欢而散。

好心的外人又来劝，吕碧城听了心烦，回去一句：不到黄泉毋相见也。

"此生不复相见。"狠绝、惨绝,亦无奈痛心之至。

吕碧城那般平静而坚决,没有人知道她心里的伤痛。她只有听从内心的声音,坚持自己的决定。

他和她,一个曾是她最珍惜的良师益友,一个是她最珍爱的姐姐。她吕碧城为回报他的知遇之恩而勤练笔墨,提升《大公报》的知名度和销量;回报他的热心帮助而分秒必争、艰苦创业。姐妹同胞,血浓于水,吕美荪竟然一味替英敛之对她横加指责。

旁观者不明就里,光看表面,对吕碧城颇多议论,认为她自私自利、性格怪僻,又爱慕虚荣,更有好事的人前来说和劝解,吕碧城一律不闻不语,懒于应对。于是,诽谤声越发杂碎,惹人厌烦。

好在吕碧城的老师严复洞若观火,客观公允地看待吕碧城,他在信中这样写道:

……此女实是高雅率真、明达可爱。外间谣诼,皆因此女过于孤高,不放一人在眼里之故。英敛之、傅增湘所以毁谤者,亦是因她不甚佩服此二人也。据我看来,她甚是柔婉服善,说话间,除自己剖析之外,亦不肯言人短处……

碧城心高意傲,举所见男女,无一当其意者。极喜学问,尤爱笔墨,若以现时所就而论,自是难得。但以素乏师承,年纪尚少,故所学皆未成熟。然以比平常士夫,虽四五十亦多不及之者……

此人年纪虽小，见解却高，一切陈腐之论不屑唾之，又多裂纲毁常之说，因而受谤不少。初出山，阅历甚浅，时露头角，以此为时论所推，然礼法之士疾之如仇。自秋瑾被害之后，亦为惊弓之鸟矣。现在极有怀谗畏讥之心，而英敛之又往往加以评骘，此其交之所以不终也。

即于女界，每初为好友，后为仇敌，此缘其得名大盛、占人面子之故。往往起先议论，听者大以为然，后来反目，则云碧城常作如此不经议论，以诟病之，其处之苦如此……

严复读得懂吕碧城，正所谓"木秀于林，风必摧之"。一个女子，敢于针砭时弊，又才华出众，不服俗礼、不屈讥谗，自然容易引来嫉恨。吕碧城身处公众关注的风口浪尖，想要独善其身又不招惹是非，是绝不可能的。

正所谓"春花闻杜鹃，秋月看归雁；人情薄似云，风景疾如箭"。吕碧城经历了几番人间冷暖，也已经不似从前因畏听人言而远避他乡，她记起明朝心学大师王阳明临终时说的那句话："此心光明，亦复何言。"万般迷茫、苦痛都归于平寂。

"天下之事，其得之不难，而其失之必易；其积之不久，则其发之必不宏。"这个道理放于人际交往上同样精辟——容易得来的朋友，也会容易失去，如果彼此之间没有足够的了解、沟通和理解，那么这样的友谊必不能长久。反复思量，错不在她，其他的，缘聚缘散，顺其自然罢了。

人生一世，草木一春，但求此心光明。

无愧于他人，无愧于己心，荣辱兴衰、悲欢离合，坦然处之。万事万物终归宁寂，一切都会过去，而这些人事纷争，原本不需要、也不值得劳心伤神。

吕碧城翩然转身，前尘往事俱成空。如果牢记无益，那便选择忽略、忘记……

激流勇退清自守

百二莽秦关,丽堞回旋。

夕阳红处尽堪怜。

素手先鞭何处着?

如此山川。

花月自娟娟,帘底灯边。

春痕如梦梦如烟。

往返人天何所住?

如此华年。

守自清退勇流激　章五

总统秘书

昨日种种,霜冷华重,空余落叶满阶红。

时值 1911 年,神州大地风云际会,激流暗涌。民族危急存亡之际,有志之士兵为争取国家独立、民主和富强掀起伟大的革命运动。各省革命风潮此起彼伏,黄花岗、武昌起义先后爆发,从 10 月中旬到 11 月下旬,仅 50 天的时间里,湖北、陕西、山西等 15 个省区相继宣布起义和独立,脱离清政府的统治。

武汉军政府成立后即宣布改国号为"中华民国",接着,各省派出代表共商建国大计,决定成立中央临时政府。与此同时,清政府不得不起用袁世凯妄图镇压起义,起义军在袁世凯所部的进攻下,连连失利。

12 月 1 日,英美等国出面调停。

次年1月，已经就任临时大总统的孙中山表示："如果清帝实行退位，宣布共和，则临时政府决不食言，文即可正式宣布截职，以功以能，首推袁氏。"因此，袁世凯通过谈判为清室逊位后就位争取到了"优待条件"……

时代大潮汹涌激荡，人如沧海扁舟，命运沉浮不定，前路凶吉难测。

在这期间，直隶、奉天、四川等省的学堂学生先后游行示威，散发传单，纷纷罢课请愿，清政府强弩之末尤有不甘，指派各省督抚出兵大肆镇压，学生离散失群，吕碧城所在的北洋女师范学堂也被波及，时常停课。

吕碧城事业受阻，无所适从。好在她亲手选拔的十名师范科学生学业期满，都以优秀的成绩毕业，吕碧城兴致勃勃地和学生们去照相留念。看着学生们朝气蓬勃的青春面容，想到几年间的种种酸甜苦辣，一时情不自已，泣不成声……

人生，对于庸者而言，不过是饥餐困寝，千日如一、枯燥无味的重复；而对于有志向的人，却是苦中作乐，然后乐得其所的修行。

从那天离开舅父家只身逃离天津起，她就开始了她的"修行"，办报、兴学、当校长，在别人看来，她时运顺达，轻而易举便可事事随心，其中甘苦，只有她自己品得透、尝得真，而几年间的辛劳终是让她体力不支、积劳成疾，身体每况愈下。

现在，她已年近三十，再不是那个血气方刚、青春无畏的少女，而她的这些学生，一如当年的自己……转眼间，七年了，她在这人生最美好的华年里,为实现自己的理想不畏艰难,如今,这所大学眼看就要停办了,这些年的努力似乎就要化为乌有,她突然对人生、对前路感到前所未有的迷茫。

吕碧城和学生们依依惜别,此后各奔东西,人各有命,天涯一方。吕碧城目送学生们远去的背影,依稀望见当年一脸稚气倔强的自己,两手空空,却欢天喜地地独自远行……眼泪再次溢满眼眶,泪光朦胧中,学生们的身影渐行渐远,终是湮没在熙来攘往中……

巩金瓯,承天帱,民物欣凫藻。喜同袍,清时幸遭,真熙皞,帝国苍穹保,天高高,海滔滔。

偶尔,还会有清廷遗宦焦眉愁眼地唱着这曲《巩金瓯》,那是清政府命严复和文臣溥侗写的国歌:像钢铁一样的土地啊,是上天给我们铸造的,人民安居乐业,物产丰富,和睦大同,大清朝时有这样的盛世之景,真好啊,愿苍天保佑我大清帝国,像天一样永存,像海一样永在。

歌词铿锵、曲调壮阔,可惜,歌功颂德不过是自欺欺人,成了清王朝名副其实的挽歌。

这世间的所有,都似这般兴衰荣辱周而复始,大到一个王朝,小到一朵花,存在与消亡,都是宿命。吕碧城每天依然按时去学校,大多时候,校门紧锁,门旁的墙上贴满了大大小小的革命标语,连空气都弥漫着硝烟的味道。开学时的热闹场景仿佛就在昨天……

常常,吕碧城会长久地站在校门旁,看那些忙碌的学生们。他们神情昂扬振奋,为建立新的国家秩序而摇旗呐喊,每张脸上都写着"爱国"两个字。

爱国,这朴素而高贵的情感,在每个年轻人的血液里奔腾,它与生俱来、生生不息,它是一种虚空的存在,却又无比切实可感,化为一种坚不可摧的信念,指引着无数平凡渺小的生命为之争先鼓勇。

每个人活着,都需要信念的支撑。无论这信念是宏伟的,还是卑微的,有信念,这苦短的人生才有继续的理由;若丧失了信念,人终将成为行尸走肉,生活将了无生趣……

前时,兴办女校是她的理想,她曾满怀热忱地想把这一生都付与教坛,用辛勤的付出培养更多的人才。可现在,学校就要停办了,她以后的路该怎样走,她再要为什么信念去努力?

这样的空茫,带着繁花落尽的萧瑟,载着曲终人散的寂寥,迅猛而残忍地侵噬过来,让人心意疏懒、神智昏沉。吕碧城默默地把书本放进角落,《大公报》那边,她也已经许久没有写文撰稿了,英敛之也少理政治,退居北京香山静宜园。

该散的都散了,该走的也都走了……这暂时的枯槁萧条不过是韬光养晦,养好了精神,待来年再发芽吐绿。人也是一样,总要动静相宜才好。

心境平和下来,吕碧城不再烦心,袁克文来邀她出游,她便欣然同往,寄情山水,借景调心。

转眼,年关过去了。

1912 年 1 月 1 日,孙中山由沪抵宁,宣誓就任临时大总统,并在当日发表了《中华民国临时大总统宣言书》,向国内外宣布新政方针——实行民族、领土、军政、内政、财政等多方面的统一,并就任职宣誓:

颠覆满清专制政府,巩固中华民国,图谋民生幸福,此国民之公意,文实遵之,以忠于国,为众服务。至专制政府既倒,国内无变乱,民国卓立于世界,为列邦共认……

一个时代的结束,同时也宣告了一个新时代的开始。各地战事消歇,百姓休养生息。看到中华民族从苦难中崛起,吕碧城也为新时代的到来而欢欣鼓舞,挥毫写下对未来的憧憬:

莫问他乡与故乡,逢春佳兴总悠扬。金瓯永奠开天府,沧海横飞破大荒。雨足万花争蓓蕾,烟消一鹗自回翔。新诗满载东溟去,指点云帆尚在望。

2 月 2 日,清朝末代皇后隆裕带着六岁的小皇帝溥仪,在紫禁城的养心殿举行了最后一次朝见仪式,颁布了退位诏书。中国延续两千多年的封建王朝统治宣告结束。2 月 4 日,孙中山辞职。第二天,南京的中华民国参议院选举袁世凯为临时大总统。

随后，新政府制订并颁布《临时约法》，社会各界纷纷开始革新。政府开办保定军官学校，吕碧城原在的北洋女师范学堂改名为天津女子师范学校。而吕碧城经袁克文推荐，到北京总统府担任总统府咨议一职，可以对国家大事提出意见，有参与政事的权力，也就是总统府顾问官，可自由出入南海的中华门。

新的职位，新的开始，吕碧城一扫往日的颓废，满怀热忱地投入到新的工作中。

总统府驻地有金碧辉煌的紫禁城，有湖光山色的南海，有庄严华美的天坛……展示着中国千年灿烂文明的北京向吕碧城打开了一个绚丽而神奇的大门，一下子让她痴迷不已。

工作的时候，她全力以赴，把本职工作处理得井井有条，并在工作中结识了一些文人雅士和官宦人物，吕碧城过人的才华和质朴的为人，让她广结人缘。闲暇的时候，她便与好友们游赏北京名胜古迹，故宫、颐和园、居庸关、西陵等处无不引人入胜，让吕碧城诗兴大发，留下许多优秀的诗作。

在这些意境优美的诗作中，有写居仁堂美景，借景抒怀，感叹芳华苦短的：

……春明路，一任苍云舒卷。俊游回首都倦。鸾笺未许忘情处，写入冷红幽怨。芳讯断，怕瘦萼吹香，零落成秋苑。摩诃池畔。又几度西风，为谁开谢？心事水天远。

也有登高望远，站在万里长城之上，感古怀今，指点江山，激扬文字，表达满怀豪情的：

……飙车一箭穿岩腹，四大皆勘幽难烛。石破天惊信有之，惟凭爆弹迁陵谷。万翠朝宗拱一关，山巅雉堞长蜿蜒……得失全凭筹措间，有关不守嗟何益。只今重译尽交通，抉尽藩篱一纸中。金汤枉说天然险，地下千年哭祖龙。

境由心生，心由境转，吕碧城在纵情山水间，诗作水平得到很大提高。她这些诗大多气象万千，大开大合，磅礴有力，令人称赏。

樊增山曾有诗赞吕碧城曰："天然眉目含英气，到处湖山养性灵。"时任总统府外交肃政史的费树蔚也在为吕碧城《信芳集》所作的序中云："予识吕碧城垂二十年，爱之重之，非徒以其文采票姚也。其人自守洁，见地超于人，忠恕绝去拘阋，而不为诞曼。"

这时的吕碧城，更像一个诗人，而非政客。

这一年，吕碧城的小妹吕坤秀和二姐吕美荪应福建、上海女校的邀请，分往两处任职，吕碧城和她们一起南下时，顺便把母亲送到了上海，由二姐照料。

安置好母亲，吕碧城又去南京看望大姐惠如，并在大姐的陪同上，游览了钟山、玄武门等名胜，写了《游钟山东步舒醒庵君韵》、《过白下丰润门见陶德政碑有感》等诗作，记下她的游踪与感受。

吕碧城回到北京后,袁克文偕同易顺鼎、步章五、黄秋岳等多名诗人在南海流水音结成诗社,诗社成立大会在颐和园召开。吕碧城即兴作诗鼓励袁克文,希望他珍惜年华,写出更好的诗作。

此时,袁克文已深知吕碧城和他之间只有惜才结友之心,没有风月男女之情,也分外珍惜这份惺惺相惜的友谊,不做他想。

有这样的朋友,吕碧城也感庆幸和珍惜。她读过袁克文写的流水音系列组诗后,为他诗作水平的提高而欣喜,不失时机地写诗与他唱和:

闻道长安上巳辰,五陵风月属骚人。

风丝花片催诗急,好鸟游鱼狎客频。

一曲清流传胜禊,几多桑海酿奇春。

新亭挥泪真痴绝,莫负芳樽向水滨。

袁克文看后深受鼓舞,与其他诗社才子以极大的创作热情,写下许多优秀的诗文,一时声名远播,时人称赞他们为"寒庐七子"。

就这样,吕碧城的生活由前时的忙碌转为恬淡安闲,忙完工作,她常可和诗友们小聚,写写诗,作作词,观风赏月,因而也有更多的时间读书习字、关注时局、参悟人生,她的诗作也因此有了更深刻的思想内涵。

身居要职又时间宽裕,这样的工作,本应该惬意舒适,可渐渐地,吕碧城感到不安。

彼时,袁世凯刚刚就职,为了巩固政权,他积极推行新政,修建铁路,兴办新式学堂、航运、电报、煤矿等事业,十分有作为的样子,中外人士对他皆有好感。

吕碧城身在其位,也尽职尽责,希望能为国家的强大尽一份心力。可是,渐渐地,她发现袁世凯在积极政务的同时,不断拉拢亲信,栽培党羽,排除异己;她感觉到,已经问鼎权力巅峰的袁世凯似乎并不满足,他每天与迎来送往的权贵们明争暗斗、尔虞我诈的嘴脸,也让吕碧城感到厌倦。

所谓"天道忌盈,业不求满"。一个当权者,做任何事都要留有余地,不要把事情做得太绝。如若欲壑难填,一切事情都要求尽善尽美,必然会因此招来祸患。正如老子在《道德经》中所说:"持而盈之不如其已,揣而锐之不如长保。"而"知进而不知退,善争而不善让"的做法,必然会导致前功尽弃,甚至身陷绝境,所以司马光在《资治通鉴》中也感叹道:"汉三杰而已,萧何系狱,韩信诛夷,子房托于神仙。"而这三杰,都曾是显赫一时、风光无限的人物,只因知进不知退而祸起萧墙。

读过太多史书传记的吕碧城隐隐感到了不安,看似富丽堂皇的袁公府,充满了太多的机关阴谋,连空气中都弥漫着杀戮和血腥的气息。在这里进出的人们,个个不苟言笑,要么屈躬卑膝,要么诚惶诚恐,看得多了,吕碧城为他们感到悲哀,耻与他们为伍。

可这到底是一份难得的工作,吕碧城暂时压下心中的厌烦和不安,做她该做的事,游她喜欢的山水,写她即兴而作的诗……

　　既然不能事先预见接下来会发生什么,就先做好自己分内之事,走一步看一步。

　　此心不动,随机而行。

隐退官场

比起天津，北京繁华热闹得多，走在熙来攘往的大街上，此时的光景，与去年有太多不同。

清政府土崩瓦解，民主观念深入人心，从衣着发式这些小事上都有新的改变。在封建社会，"衣服有制，宫室有度，人徒有数，丧祭械用，皆有等宜。"人们穿衣做事，都要循规蹈矩，稍有不慎就招来是非，现在好了，人们在装束穿戴上已不必受身份贵贱的束缚，只要自己喜欢，大可追求美观与新奇，街上多有穿着时髦的男女，光看着，已经赏心悦目。

男人们前时的大辫子都剪了去，穿着西服或马褂，精神干练得多；女人不再缠足，穿旗袍的、短褂长裙的，走路也不用卑微地挪着小碎步，可大步向前，只这种姿态，也是一种解放了。

吕碧城和同伴一路走一路看，见前边一个商户的门上贴着一张布告，围了好些人在看，便也走过去凑热闹，原来是北京政府刚刚颁布的《劝诫剪发规程六条》。上面写着：凡政府官员、职员不剪发者停止其职务；凡车马夫役不剪发者，禁止营业；凡商民未剪发者由警厅劝其剪除；凡政府官员的家属、仆役未剪发者，其官员要负劝诫之责。

"剪发已经成了全民运动了，不过剪个头发，都要这样兴师动众，听说还有好些人反对剪辫子，说什么'吾头可断，辫不可剪'。听说张勋的辫子军人人都要留着辫子，张勋还被称为'辫师'。"同伴感叹，"让有些人接受新思想比登天还难啊。"

吕碧城笑笑，默默地从人群里退出来，社会变革给人们带来了福音，饱受压迫的国人开始有了追求自由、民主的意识觉醒，可还是有的人墨守成规，喊着恢复大清，真让人无法理解。

"碧城，你知不知道，袁克文让袁总统关起来了！"同伴说。

"怎么呢？"吕碧城一愣。

"听说袁克文写了一首什么诗让袁总统看着了，袁总统十分生气，就把他关起来了。"同伴说，"我只记得最后一句'绝岭高处多风雨，莫到琼楼最上层。'"

吕碧城听了，心里沉甸甸的，她倒不是惦记袁克文的安危，袁世凯是袁克文的父亲，就算生气把他软禁起来，也不会危及他的安全。倒是袁世凯的所作所为，越发离经叛道，这两年来，他越来越野心勃勃，执意逆时而动，做起复辟当皇帝的打算了。

袁克文身为袁世凯的儿子，当他发现他父亲要称皇称帝，多次反对，袁世凯恨铁不成钢，对他置之不理，不但不听他的劝阻，现在反而把他软禁起来，可见袁世凯心意已决。

袁克文曾把自己的烦恼说给吕碧城听，他的哥哥袁克定怕多才多艺的袁克文日后夺了他太子的宝座，耽误他世袭皇位，竟然多次谋害袁克文。袁克文苦笑着把自己比成曹子建，"煮豆燃豆萁，豆在釜中泣。本是同根生，相煎何太急。"吕碧城还记得袁克文背吟这首诗时的愁苦神情，心里不由一阵翻腾。

这两年来，发生了许多事，袁世凯窃取辛亥革命的果实并妄图称帝的野心已经昭然若揭，他当上临时大总统不是寻思怎样利国利民，而是一门心思想把"临时"二字去掉。为此，他不择手段，排除异己。

1913年，袁世凯指使国务总理赵秉钧刺杀了民主革命志士宋教仁，免去江西都督李烈钧、安徽都督柏文蔚、广东都督胡汉民的职务，并派北洋军讨伐，掀起新的战事。由李烈钧和黄兴等人组织的"二次革命"失败，孙中山、黄兴再度逃亡日本。

1914年，袁世凯视国难于不顾，先是下令解散国会；5月，又命人炮制了《中华民国约法》，改责任内阁制为总统制，设立参政院为代行立法机构，由他直接任命参政人员。这样一来，袁世凯的总统职位不仅可以终身不易，而且可以传与子孙，实际上已经是称"总统"的皇帝了。

可是，袁世凯并不满足，竟然恢复了清政府时官吏考试制度、陛见制度和各种封建职官的名称，把各省都督改为将军，并给文官徐世昌等人发布授卿令。这还不算完,他又先后到孔庙和天坛去祭孔、祭天,率领文武百官,身穿龙袍,行跪拜大礼,为称帝预演。

这些事,让吕碧城反感至极,她想起古人的劝诫之语,萌生了退隐政界的想法。

笙歌正浓处,便自拂衣长往,羡达人撒手悬崖;更漏已残时,犹然夜行不休,笑俗士沉身苦海。

当歌舞盛宴到达最高潮前,就应该自行整理衣衫毫不留恋地离去,那些能在紧要处及时回头的人,是值得令人敬佩与赞赏的。当夜深人静的时候,却仍然忙着应酬,把自己的身心健康交付给庸俗的琐事,这实在是得不偿失的事。

佛说:"我见诸众生没在苦海。""勿待兴尽,适可而止。"

去与留,苦与乐,原本就是由自己来决定的,既然她不屑与袁世凯之流为伍,高官厚禄也可以弃之如敝履,那么,她需要克服的,不过是自己的犹豫不决。而眼下,她已经没什么可犹豫的了。

道不同,不相为谋。

人生如果走错了方向,停止就是进步。

同样的道理,袁世凯不懂。

袁世凯丧心病狂,整天想着身披龙袍复辟称帝,为此不惜把刚刚摆脱清政府统治的国人再次推入水深火热的境地。他于 1913 年 4

月，指派国务院总理赵秉钧未经国会同意，就与英、法、德、俄、日五国银行团签订《善后借款合同》。以盐务收入等作担保，借款 2500 万英镑，扣除到期的利息等，实际到手的很少，而规定 47 年还清之本息竟达 6700 多万英镑，加重国人的负担。

而后，同年 10 月，袁世凯迫使国会进行选举，派 1000 多军警自称"公民团"包围了国会，强迫议员忍着饥饿，连选三次，从早晨一直选到晚上，非要议员们统一投票，选他为正式的大总统。

与此同时，辛亥革命后短暂的和平过后，军阀各派系之间的争斗达到了白热化的程度，战事四起，民心惶惶。

而就在袁世凯图谋复辟的同时，世界政局也发生了巨变，1914 年第一次世界大战爆发后，8 月 15 日，日本对德国发出最后通牒，要胶州湾租借地无条件交给日本。9 月 2 日，日本在胶东半岛登陆，向德军发起进攻。中国再次被笼罩在战争的阴影之中。

北洋政府虽然于 8 月 6 日宣布"中立"，但并不能将外侵拒之门外，日本在我国国土上大肆侵袭，袁世凯当局却忙着加快复辟步伐，加强内战、镇压农民起义，丝毫不理会国土被侵占、国家主权被侵犯。

日本借第一次世界大战爆发，美欧等国无力他顾，而加紧扩张其在中国的势力。1915 年 1 月 18 日，日本向袁世凯提出了独占中国的"二十一条"，"二十一条"的主要内容是：承认日本继承德国在山东享有的一切权利；中国政府须聘用日本人担任政治、财政、军事顾问，中国警政由中日合办等。

面对"二十一条"这样丧权辱国的条约，袁世凯竟然同意接受，这让吕碧城对袁世凯深感不齿,挥笔写下一阕《浪淘沙》后,毅然决然辞职,移居上海陪伴母亲去了。

百二莽秦关,丽堞回旋。夕阳红处尽堪怜。素手先鞭何处着? 如此山川。

花月自娟娟,帘底灯边。春痕如梦梦如烟。往返人天何所住? 如此华年。

江山惨淡,素手无力转乾坤;花月凄冷,人去楼空。吕碧城远离政坛,坐船南下。面对滚滚波涛,她心潮起伏……

遥想当年,诗仙李白得召为官,欣喜若狂,以为从此进身有路、报国有门,"仰天大笑出门去,我辈岂是蓬蒿人!"可是,进了翰林院,李白很快就失望透顶,皇上李隆基只欣赏他的文采,根本不采纳他的政治主张。整天让他侍宴、侍游、侍浴,让他为皇上皇子们歌功颂德,完全把他当成锦上添花、消遣取乐的点缀。

李白何其苦闷,皇上听不到民生疾苦,日日歌舞升平,他满怀报国之志无以施展,却要强颜欢笑粉饰太平,他对眼前的一切厌倦至极,对仕途彻底绝望,在尊卑有别、繁文缛节的皇宫,他拒绝恭顺、庸俗、屈尊,终于忍不住愤然道:"安能摧眉折腰事权贵,使我不得开心颜。"拂袖而去,远离宫门。

夕阳下,李白蓦然回首,看着锦绣如画的长安城,心里充满壮志难酬的哀怨，但复得自由的快乐驱散了一切不快，"人生在世不称意，明朝散发弄扁舟。"虽然寂寥，但心灵是纯净而洒脱的。

日月长在，江河依旧，人才辈出。这样的选择，不乏其人。

早有庄子厌烦入朝做官而丧失自性，宁可躬耕劳作自食其力，也不肯出仕高官、受尽约束。更有一个不愿为五斗米折腰的陶渊明，当他辞去违心而做的彭泽县令时，竟兴冲冲地写下那首千古绝唱——《归去来兮辞》：

归去来兮，田园将芜，胡不归？ 既自以心为形役，奚惆怅而独悲？ 悟以往之不谏，知来者之可追；实迷途其未远，觉今是而昨非。 舟遥遥以轻飏，风飘飘而吹衣。 问征夫以前路，恨晨光之熹微。

在他而言，出仕竟似误入迷途，虽说辞官后可能受饥挨饿，但一想到自己酷爱的自然，又与官场的虚伪黑暗、违心欺诈格格不入，便义无反顾免职而归……

自古以来，官场倾轧、钩心斗角，处处隐伏着危机，若是跟从英主明君，可以为国为民造福，或者还值得留恋，如若不然，不如全身而退，一如苏轼"我欲乘风归去，又恐琼楼玉宇，高处不胜寒。起舞弄清影，何似在人间！"

壮志难酬，隐退政坛，历史的烟云穿越千年后，在吕碧城身上重演。她不屑于权谋之道，更不耻于助纣为虐，乱世之中，她身单力薄，无法扭转乾坤，但她可以为自己做主，做一个正直、坦荡，不与权贵同流合污的人。

吕碧城久久凝视着海潮，似看到李白怅然远去的背影，听到他长吁短叹间，心意寥落、诗境凄然……此时此刻，她亦有这样的悲凉。

她曾在《大公报》慷慨陈词，大力倡导女权；曾为倡导女权兴办新式女校，七年如一日辛勤执教；她听从袁克文的建议进入政界，满怀凌云壮志想做一番事业……往事历历不可追，她这一腔报国之志，终是如这纷飞的浪花一样，在历史的上空灿烂地闪过，而后无奈地沉没，难有找到飞腾的舞台。

古人云："穷则独善其身，达则兼济天下。"一个人在壮志未酬的时候，应该继续修身养性，等到有足够能力的时候再造福他人。她现在正是该继续"独善其身"，远离纷乱的官场，远离令人不齿的政坛，她决不肯逆天下之大不韪，与袁世凯和他的党羽们一道祸乱天下。

吕碧城猝然辞职，让许多人始料不及、万分不解。她深得袁世凯欣赏，本该前途无量，却竟然激流勇退，说走就走，着实令人不可思议。

然而，多年后，回顾历史，吕碧城又是做了一个多么明智的选择！所谓有失必有得，她失去了重权高位，却获得了正义和自由，而她后来凭借自己过人的智慧驰骋商场，积累了巨额财富，致力于社会公益活动，以她的方式报效祖国，也使她芳名永驻、名垂青史。

宋代朱熹在《集传》中说："明，谓明于理；哲，谓察于事；保身，盖顺理以守身,非趋利避害,而输以全身之谓也。"既能明晓善恶,又能辨知是非,保持这样的明智哲达,就能化险为夷,保全自身而不致品德受到污染,否则,就会引祸上身,甚至危及性命。

纵观历史,繁华缭乱、尘事纷争之际,能如吕碧城一样激流勇退、明哲保身的人太少。身死名灭,盖棺定论之际,有多少英雄因争强好胜、不知进退而惨死;多少豪杰因错断时局、误入歧途而身败名裂。吕碧城身为一介女流,却能在人生紧要关头坚持正义、全身而退,实是难能可贵。

道家老子的人生哲学,便是一种以退为进、相辅相成的处世智慧。他在《老子》中语重心长地说:

持而盈之,不如其已。揣而锐之,不可长保。金玉满堂,莫之能守。富贵而骄,自遗其咎。功成身退,天之道也。

拥有得足够,就不要贪得无厌,不如停下来;钱财多了,别人就会眼红,难以保全。人一旦发达富贵,往往会骄傲自大,这样反给自己栽下祸根。所以,在适当的时候收敛锋芒,退隐是非,是明智的选择。

如此"道者反之动",一如四季周而复始,为人处世,有自知之明,能明辨善恶、防微杜渐,从而明智地驾驭自己的人生。这样的处世之道,于每个人都是良好的借鉴。

"夫唯不争,故天下莫能与之争。"能看轻名利而重视身心自由,不与世人争夺名利,不为名利斤斤计较、蝇营狗苟,便自立于不败之地。否则，太过争名夺利，反而常会落得两手空空、功亏一篑，袁世凯就是最好的例证。

1915 年 12 月，在国会、高校、民众请愿团、筹安会和各省国民代表的要求推戴下，袁世凯得以心想事成，恢复了君主制，接受皇帝尊号，准备成立中华帝国。并打算在 1916 年改国号为洪宪元年，行君主立宪政体，把总统府改为新华宫，拟定《新皇室规范》……可谓用心良苦。

然而，袁世凯称皇称帝的美梦还没做够，当月 25 日，原本支持帝制的蔡锷和唐继尧在云南宣布起义，发动护国战争，举兵征伐袁世凯。随后，贵州、广西相继响应，袁世凯众叛亲离、四面楚歌。

1916 年初，护国军节节胜利，讨袁战线迅速扩大，袁世凯不得不于 3 月宣布取消帝制。就这样，他荒唐的"皇帝梦"只做了短短 83 天，便草草收场。袁世凯积郁成疾，于 6 月 6 日病死，时年仅仅 57 岁。

彼时，吕碧城却早已置身事外，在上海商界大展身手，成为富甲一方的女商人。

吕碧城洒脱离职，这是她命运关键的转折，她冷眼观世，抛弃功名利禄，洁身自好，翩然南下，终得善果。而袁世凯，本已达到权力制高点的一代英雄，却因为欲壑难填而晚节不保，落得千古骂名，两相对照，也着实引人深思。

千金散去还复来

按先君故后，因析产而构家难。

惟余锱铢未受，曾凭众署券。

余素习奢华，

挥金甚钜，

皆所自储，

盖略谙陶朱之术也。

六章　千金散去还复来

彻悟生死

重展残笺，背人颠倒吟思遍。嫣红点点灿秋棠，总是啼痕染。才喜芳菲时渐，悄寒帘，且舒愁眼。含情待见，五色春曦，组成光线。

不道春来，楼空人杳愁归燕。阿谁钩引玉清逃？草露漙裙满。底说高句骊远，听鹃语、替传哀怨。小桃无主，嫁与东风，已因风散。

一首《烛影摇红》，写尽吕碧城重重心事，对新政权的建立充满欣喜，正想一展宏图，却不料沧桑巨变，袁世凯逆时而动，独断专行，妄图称皇称帝。她不愿与之为伍，只能远离京都，南下上海。

可是，到了上海不久，母亲病重难医，竟然撒手人寰，吕碧城悲痛欲绝，与大姐惠如、二姐美荪一起处理完母亲的丧事，把母亲安葬在静安寺第六泉旁。

吕碧城站在母亲的坟前，看着母亲的遗像泪流满面。朦胧的泪光中，母亲的音容笑貌清晰如昨，她曾慈爱地抱着她，絮絮地和她说话；她曾牵着她的手，带她离乡背井；她含辛茹苦，拉扯她们姐妹几人长大……现在，生活总算安定宽裕了，她却熬尽了生命最后的灵光，自此生死两隔……

母亲的这一生，似乎只为劳苦奔波而来，生儿育女，孤寡持家，但她从未抱怨，在隐忍中用别样的坚强撑起生活的重责，尽心竭力，死而后已。

但愿，母亲与父亲自此长伴久安，无忧无虑……

吕碧城长久地伫立在母亲的墓碑前，在伤痛中思绪翻涌。先是小妹坤秀年纪轻轻病故，母亲黑发人送白发人，郁闷成疾，现在也离开了她，她不得不一次次直视死亡的残忍和决绝，说不出的痛让她感到窒息。

人生，原来就是这样，由一段段长长短短的聚会组成，相聚时的欢喜，离别时的苦痛，来而往之，聚而散之，留下似真似幻的回忆，让活着的人兀自感伤。而时光匆促，不为任何人的悲喜迟疑，它冷漠而公正地流逝，将每个人的青春挥霍一空，它像浩瀚奔腾的洪流，一路咆哮着湮没过去，荡平所有曾经峥嵘的尘事，剥夺所有曾经鲜活的生命……

每个人，都要面对死亡，他人的，或者自己的。这是无法改变的宿命。

亲人的离世是对生者灵魂最尖锐的刺痛和磨砺，它会激人更深刻地感悟生命的真与幻、坚韧与脆弱，而每个人，其实每时每刻都在面对自己生命的流逝，那些过往的时光一去不返，何尝不是另一种真实可感的死亡？

昨天对于今天，便是死亡，再多留恋也无法让时光倒流。今天的种种于明天也将死去，而明天，没有人能预知将会发生些什么，也许它会让人心想事成，也许它会飞来横祸……在时间面前，每个人都是如蝼蚁般微不足道，能主宰的，很多时候仅仅是现在，此时此刻。

既是这样，就该珍惜这稍纵即逝的时光，珍爱身边的亲人、友人，超脱所有的忧愁和痛苦，让自己变得自信和坚强，从容面对孤独和失败，去做自己想做的事，让自己死而无憾。

因为，总有一日，死亡会从天而降，那时，今日的忧愁和痛苦，也都是奢望，孤独和失败也是幸福。

吕碧城泪落如雨，在静默中聆听生命的启迪与忠告，在悲痛与感悟中完成心灵的涅槃，可那份对生世的迷茫，对未来的惶恐，如网织的牢笼，让吕碧城备受囹圄之苦。她该如何排解这满怀的惆怅，又该选择一条怎样的路以度余生？吕碧城久久失神……

处理完母亲的后事，吕碧城心力交瘁，便闲歇下来调养身心。

躁极则昏，静极则明，前时环境嘈杂喧嚣，终日疲于奔命，心境浮躁,难以安然,现在,她远离尘事纷扰,身心静处,所见所感也觉安恬祥和,再把前事细细回想品味过,竟是别有所感。

这一路,行色匆匆,都不曾这般停下来静一静,路赶得太急,难免会忽略或错失些珍贵的所在。在决定以后如何生计之前,吕碧城决定先清静下来,寄情山水,完成几件未了的心事。

登高使人心旷,临流使人意远;读书使人心静神清,冥思使人虑深谋全。吕碧城寄情山水,问道访友,借以排遣烦闷。

这天,英敛之的来信,邀她北上北京香山,去他归隐的静宜园见心斋小聚。

信下,有英敛之与夫人淑仲的落款。

薄信一纸,尽释前嫌。

这世上的很多事,在当时看得重于泰山,过去了,再回想,便觉轻如鸿毛。彼时,大家都年轻气盛,多有意气用事之举,现在,大家都已饱经心志的磨砺,心胸开阔了许多,方知道,这世上唯有人情值得珍惜。因为,世事易变人易老。

吕碧城欣然应约,前访旧友。

杏花如云,香山如画,山光水色,诗意盎然。

尤其静宜园见心斋前,景色幽雅别致,屋宇雕梁画栋,周遭回廊环绕,门前池水澄澈,水中新荷碧绿。置身其间,只觉得神清气爽,物我两忘,果然是难得的好地方。

英敛之和夫人淑仲热情地招待吕碧城,一如从前同心协力办学创业的时候。时间有时候就是这么神奇，它能让友谊起死回生，能把彼此的芥蒂消弭于无形，又把曾有的美好情谊酝酿沉淀得更加芳醇，引领人们学会宽容和珍惜。

两年不见，英敛之和淑仲脸上的皱纹又多了些，虽然依然谈笑风生、神采奕奕，但言语间对世态的感叹、对人生的唏嘘，分明是青春远逝后的彻悟，生命的质感已然变得厚重可敬。

这样的相聚，如小说里承上启下的段落，让彼此的心在前生后世里浮荡，留下无尽的回味。吕碧城随英敛之夫妇从山上弄来野菜瓜果，从池水里捉出肥硕的锦鲤，然后大家七手八脚，烹煮烧烤，各施所长，弄出满满一桌佳肴，而后把酒言欢，其乐融融……

吕碧城静静地笑着，饮酒、聆听，和友人一起缅怀过往。英敛之告诉她，自他夫妇隐居在这里后，《大公报》的事务已经转托他手，股本也都撤了回来，集得资金大多用于建校和公益，多贡献，少计较，与世无争，烦恼自消。说到失意处，大家难免摇头叹息，说到得意处，大家会举杯共饮，开怀大笑，那样酣畅淋漓的快乐，于吕碧城，真似久别重逢。

英敛之夫妇随后带吕碧城参观了他们兴办的学校，学生大多是穷苦人家的孩子，个个天真无邪，在整洁的教室里读书写字，神色专注。下课时，孩子们就像欢快的小鸟，在花园里嬉闹玩耍，一片天籁……

此情此景，深深触动了吕碧城的心灵。十年岁月如风似电，一闪而逝，前时的辛酸艰难换来的，竟是这样一场虚空，执教无功、报国无门，只落得一身病痛，母亲又离世了，她只身独影住在上海，前路无着，生计堪忧……想到这些，笑意沉寂，悲从中来。

英敛之极力劝慰她，可吕碧城伤感难解："出头之日又怎样？像袁公那样的人也会凄惨地死去，这污浊的世界，真令人万念俱灰，难道真如佛说的那样，一切皆空？那努力与不努力、作为与不作为，又有什么区别呢？"

> 优人傅粉调朱，效妍丑于毫端，俄而歌残场罢，妍丑何存？
> 弈者争先竞后，较雌雄于着子，俄而局尽子收，雌雄安在？

不经意地，就会记起这些古诗旧词，轻描淡写间，却蕴藏着最深的哲意和最矛盾的迷茫：伶人在脸上涂脂抹粉，苟求于笔尖上的技巧，力求精益求精地描画出最美的风情，可是，转眼间歌罢舞毕、曲终人散，方才的美丑又有什么要紧？对弈的人剑拔弩张、竞争激烈，把胜负看得十分要紧，斟酌落子、绞尽脑汁，可是，转眼间棋罢场散，方才的争斗又有什么意义？

由伶人联想到那些苛求自己的人，由对弈者联想到那些明争暗斗的人，继而扩大到各个领域、各形各色的人，触类旁通、一目了然，从更长久的目光来看，人类的进步、社会的发展、国家的富强，也都似茫茫宇宙中可有可无的存在，到了时限，所有的生命归于沉寂，所有的兴衰归于虚空，谁能告诉我，这渺小如尘埃般的浮生，该怎样想、怎样做才会留下属于自己的痕迹？才活得有价值？

听到吕碧城苦闷的心声，英敛之夫妇与她彻夜长谈，帮她改善因母亲离世而悲凉的心境，她亦安抚英敛之夫妇隐居的寂寥，友谊如烛，在人生冷落的旅程中，给心灵彼此的温暖和坚定……

从香山回来，吕碧城仍然郁结难解。

在这兵荒马乱、人心浮躁的年代，学校也早已不是平和安静的地方；官场上更是尔虞我诈、乌烟瘴气，也令她厌烦。任教和从政都不是良选，她该做什么？

就算做了什么，又都有什么意义？人生自古谁无死。既然都难免一死，那她一次次的奋斗所为何来？这些问题纠结在吕碧城的心里，让她陷入思想的泥沼，苦不堪言。

半空风簌秋声碎，凄凉暗传砧杵。翠竹惊寒，琼莲坠粉，秋也如春难驻。商隐几许？渐爽入西楼，惹人愁苦。霜冷吴天，断鸿吹影过庭户。

年华荏苒又晚，和衰蝉病蝶，搏尽芳绪。往事回潮，残灯吊梦，几度兜衾听雨。伶俜倦旅。只日暮江皋，骞芙延伫，尘宛征衫，旧痕凝碧唾。

吕碧城写下这一首《齐天乐》寄给英敛之，词句间一派彷徨焦虑、萧索凄然，早年那般凌云豪情已被惨淡的现实摧毁无痕。

英敛之读后，免不得一番安慰疏导，可是，吕碧城自己都知道，除了她自己,没有人能疏通她郁闷的心结。

为了解开心结,吕碧城曾向上海的陈撄宁道长问道。陈撄宁为她精心批注《孙不二女功内丹次第诗注》,并专门为她手订《女丹十则》,撰写《答吕碧城女士三十六问》,一度想把传扬女丹道学的重任托付给她。可最终,吕碧城还是不得其门而入,遂放弃了道家学说,转而寻求新的解脱之道。

孔子曾说:"未能事人,焉能事鬼?未知生,焉知死?"人在降生之前是否有前世?死后是否有来生?这样的问题无人可以明确地解答。佛教、道教等宗教都认定人有前生后世,天堂与地狱泾渭分明,生死轮回煞有介事,因果循环有理有据,可是,这些,都是真的吗?

这一生,只知生之艰难,天堂与地狱都由际遇决定,成功得意时,便似身在天堂;失败落魄时,便似饱受地狱般的折磨。至于死后,灵消体灭,又怎知天堂与地狱是怎样的?至于因果循环、生死轮回,似乎是必然的结局,也似乎只是虚妄的浮想,若真有因果循环,若真是善有善报、恶有恶报,为什么这人世间会有那么多不公平的事情发生?为什么常常是好人不长命,恶人活千年?为什么总是不如意者十有八九?

古言有道:"思及生死,万念灰冷。"当心里不平衡,心里烦的时候,就想,反正大家最后都得死,才是这世上最公平的事,只要想到这个,所有的烦恼都会消除。这样消极的洒脱,实在是对不公极度的无奈与妥协。

自古修道之人,修身养性的目的,便是彻悟生死——生不足喜、死不足忧，消除杂念，超然物外。可这样的境界，似乎只有疯子和傻子才能真正达到……

既然如此，她参悟生死之道，又有什么意义？人活着究竟是为了什么？如果死亡是一种必然，万物又因何而生？

吕碧城知道，这样的思考如同作茧自缚，可是，如果不能开解心结，从生死的困惑中彻悟生存的意义，她对以后的路就会失去正确的判断和明确的方向。她需要静下心，面对自己的灵魂，直视生死，寻求超脱物外的途径，她要想清楚，自己接下来想要过的是怎样的生活，想要做的是怎样的事。

不久后，吕碧城南下杭州，来到西泠桥边。站在秋瑾女士雕塑前时，只觉十年光阴呼啸而过，凝滞成此刻的风景——昔日同榻共眠，今日生死两隔，其间种种，难以形容。

那一场声势浩大的革命运动，如狂风骤雨将腐朽的清王朝摧毁，无数革命志士前赴后继，用满腔热血铺就一条通往光明的希望之路，而那执着于光明的精神，化为一种信仰，高悬于宇宙之上，与日月同辉，与天地同在。

吕碧城默默地把花圈和挽词放在秋瑾女士雕塑前，净手焚香，虔诚祈祷。

"我之忧者，唯思君耳，思君不得见，相隔天与地。天地终可望，永无相会时……"满腹心事无从诉说，吕碧城仰望秋瑾塑像，那栩栩如生的眉眼，竟也似锁着无限的惆怅，陪她声声吟叹……

昔日好友，一代女中英豪，曾为革命满怀豪情奔走呼告，几经哀愁，几经荣辱，骨化形销，与世长辞，却把一种顽强向上、向往自由与光明的精神驻留于人间，芳名永驻。虽是这般寂寥地伴着晨钟暮鼓化成一清魂，但她再也不必为这尘世的纷扰而忧心思虑。而活着的人，仍要为生计奔碌，心事沉沉，难以解脱。

松篁交籁和鸣泉，合向仙源泛舸眠。

负郭有山皆见寺，绕堤无水不生莲。

残钟断鼓今何世，翠羽明珰又一天。

尘劫未销期后死，俊游愁过墓门前。

吕碧城感慨万端，写下这首《西泠过秋女侠祠次寒山韵》，悼念旧友，寄托幽思。她无法忘记，那一年紫藤花开的时节，秋瑾身着男装，英姿飒爽地站在繁枝花影下，目光闪亮如晨……

那一面之缘，似这十年光阴里最浓色的烙印，尘封住一段短暂而珍贵的友谊，留下绵长幽深的叹惋，沉甸甸地压在时光的轴线上，隔着生与死的距离，向吕碧城倾诉着离情别绪，开启她对生命最深刻、本质的探问求索之门。

自古英雄多寂寞，雄心万里，功业不许，只身荡寰宇……

浮生若梦，生亦何欢？死亦何惧？

生我者，玄冥之苍天，育我者，茫茫之大地，父兮生我，母兮掬我。我之游，渺渺宇宙，生之不知所之，逝之不知所往，飘飘乎一缕幽魂。我歌，长歌当哭，我舞，醉舞若泣。长啸以天，悲以动天，恸哭于地，泪如倾盆。放浪形骸，得于天真。

御六合之气，纵横于长空，驭雷咤电，呼啸风云，今夕何夕，梦中杜康。生亦何欢，死亦何惧，千年万年，白驹过隙。今归于天地，失于尘土，如吾母怀也！

思绪风起云涌，吕碧城沉吟谭嗣同生前所作诗行，想忆这十年来所见所闻所经所感，不由心潮难平。

英敛之办报启发民智，在乱世中隐居香山创办学校；秋瑾投身革命，组织起义……他们都拥有自己的信念，并为之不懈努力，即使辛苦，即使凶险，但那高尚的信念，就是人生的航灯，让他们实现着自我价值，活得乐观而从容。

人生在世，当活得其所——珍惜时间，创造机遇；先做好自己，再造福他人，实现个性自由与精神自由。

而这所有的一切，都需要有力的经济基础作保障。积累财富后才能去实现自己的所思所想，去谋求属于自己的幸福，独立自主、福泽天下，于己无憾，于人有益，她要努力做这样的人！

为此，在这世界上最繁荣的东方大都会——上海，经商是她唯一的选择！

叱咤商场

每个人的人生都是一条曲线，区别在于，是在起伏中进取，还是在起伏中跌落，决定权在你自己。

如这尘世所有的事物一样，有阴必有阳，有正必有反，有曲必有直，人生亦然，有成功、顺达，必有失败、艰涩，能在失败的时候暂时停驻，认真反思过往、谋划未来，才不会盲目前行或误入歧途。

因为事业的夭折与母亲的离世，吕碧城倍感生之幻灭无常，饱受心灵的煎熬，她参悟生死、剖析自我，权衡之后，决然选择了经商。

有了方向，一切便豁然开朗。

虽然，吕碧城能诗会画，任过教，从过政，可对经商一窍不通，不过，这并没有让她退却。她自幼博览群书，知道这天下的事其实都可触类旁通,无论做什么事,只要用心,就不会太差。

何况,经商不像任教那样,需要与同事共进退,限制在按部就班的生活节奏里,难以有个人的施展;经商也不像从政那样,需要屈尊纤贵、虚与委蛇,整天提心吊胆、如履薄冰。吕碧城骨子里的倔强和果敢让她重整旗鼓。商场如战场,拼的是诚信、眼光、谋略和关系网,这四者缺一不可,她自信可以很好地遵循经商的规则施展才华,创造财富。

工欲善其事,必先利其器。做任何事情,先做好规划和准备很重要,经商也一样。市场考察、资金分配、投资项目、理财方法、货源及销售渠道等,需要有全面的考虑。吕碧城经过多方筹备,把这些年的积蓄进行合理分配,一部分购买了署券,一部分作流动资金,一部分进货铺市。她把投资项目定位为丝绸业和收藏。之所以做这样的定位,其一,因为她对丝绸有良好的审美和鉴别能力,个人精通此道;其二,在上海的十里洋场,租界内洋人云集,对富有中国文化精粹的丝绸织品十分热衷,潜在顾客群体比较庞大;其三,苏杭等地盛产丝绸,进货渠道便利通畅;其四,与其他商业经营项目比较,丝绸业相对冷门,竞争者少。

至于收藏,吕碧城自幼在父亲的教育熏陶下,对古董的收藏与鉴定十分在行,金银珠翠、字画瓷器,她过目不忘,对各种古玩辨伪、断代、论价都独具慧眼。

这样一来,吕碧城虽然初涉商海,但能扬长避短,并凭借她在政坛和上流社会所积累的丰富人脉,以及自身独特的魅力、过人的才干胆识,很快便在十里洋场拥有了自己的店铺和销售网,生意兴隆、名声渐起,短时间内就积累了可观的财富。

就在吕碧城勤勉创业、叱咤商场之际,中国政局风云变换。袁世凯死后,黎元洪继任大总统,孙中山等人发表通电,反对以袁世凯制定的《中华民国约法》为黎元洪继任总统的法律依据,北京政府1916年6月29日宣布恢复旧约法。在这种情况下,北洋军阀内部各派系内乱不断,纷纷独霸一方。西南等省的地方军阀也拥兵自重,形成军阀割据的局面,以致北洋政府虽然由黎元洪担任总统、冯国璋任副总统,但实权却由时任国务总理的段祺瑞掌握。

在这种政局混乱的情况下,社会的思想文化也发生着巨大变革。陈独秀创办的《新青年》宣传倡导科学、民主和新文学,成为思想革命的新阵地。胡适发表的《文学改良刍议》中提出"文学改良八事",新文学须言之有物、不摹仿古人、讲究文法等主张;陈独秀发表的《文学革命论》,旗帜鲜明地提出文学革命的"三大主义",呼吁要推倒雕琢阿谀的贵族文学、陈腐铺张的古典文学、迂晦艰涩的山林文学,建设平易抒情的国民文学、鲜明立诚的写实文学和通俗明了的社会文学。

胡适和陈独秀的文章从形式到内容都为文学革命吹响了号角,引发全国范围的文化运动。这声势浩大的文化运动和军阀割据混乱局面一起,形成一股强大的变革飓风,席卷全中国,带动了上海商界新式商业的兴起。化妆品、首饰、音乐、瓷器、象牙、服装等百货业发展迅速;同时,新式娱乐业也蓬勃发展,剧场、电影场、书场、杂耍台、商场和中西餐馆一应俱全,上海成为中国最大的现代游乐中心,商机不断。

在这样难得的机遇下,吕碧城索性开办自己的公司,扩大经营项目,悉心料理,财富大幅增长。她在经商过程中,还应邀担任了上海《时报》的特约记者。闲时,她把自己打扮得漂漂亮亮,跳舞、唱歌、读书、旅游,生活得丰富多彩。

"猛虎不据卑址,雄鹰不立柔枝。"兵书有言,"凭高视下,势如破竹,气势使然。趋势趋势,趋利避害,因形造势,因势利导。"这些话,虽然说的是作战方法,但也蕴含了深刻的谋生之道。能够选择适合自己的环境和事业,并能做好自己,进而成就事业,谋人为己、谋己为人,让自己强大之后,再接济他人、造福社会,这正是吕碧城最让人称赏的地方。

江山风月,本无常主,闲者便是主人。

江南好,苏州园林、杭州山水,美不胜收,宛如仙境。吕碧城和游伴沈月华、张默君等一起晨观朝霞,暮赏落日,沐浴星光月华,悠然忘我地养心怡情。诗兴勃发时,她便锦心绣口,写下许多优美的诗篇:

玉龙喷雪破苍烟,踱属人来雨后天。
不惜风霜劳远道,珮环同礼九嶷仙。

湖光如镜山如黛,雪簇花围照眼秾。
辟作美人汤沐邑,春风十里画图中。

征衫单薄冷于秋，徙倚疏芒且暂留。

后夜相思应更远，一襟烟雨梦苏州。

……

吕碧城博学广闻，诗情秀拔，不愧为三百年来名家词作的佼佼者。她诗作情感前后的变化，也是她不同人生境遇的写照：涉世之初，多有慷慨激昂之词；及至历经坎坷，词作多有沉郁悲愁之声；到她经商有为时，她的诗篇多轻松明快。境由心生，心由境转，借诗词解读她的人生，应算是一条捷径。

"横看成岭侧成峰，远近高低各不同，不识庐山真面目，只缘身在此山中。"一首《题西林壁》写尽庐山山密林深的景象，而在吕碧城的笔下，则又是另一番风情：

山麓为浅溪，天然如城濠。溪中怪石堆叠，绵亘数里，清泉湍激，随与俱远。山腰石齿嶙嶙，破黛痕而呈褐色。凹处鸣瀑琤琮，泻于丛篁翠筱间。水禽娇小，悠然飞鸣，有仙意。更行里许，则乱峰苍苍，寂无人踪。纵目四瞩，惟岚影与远天相映，身孤心怯，不欲再进。

如此仙源，只在人间，幽居自深。听苍松万壑，无风成籁，岚烟四锁，不雨常阴，曲栏流虹，危楼笏玉，时见惊鸿倩影凭。良宵静，更微闻凤吹，飞度泠泠。

169

浮生能几登临，且收拾烟萝入苦吟。任幽踪来往，谁宾谁主，闲去缥缈，无古无今。黄鹤难招，软红犹恋，回首人天总不禁。空惆怅，证前因何许，欲叩山灵。

移步换景，群山环绕如屏似障之美，流水修篁相映成趣之态，苍松万壑依偎成势之巧，闲云野鹤动静相生之妙，在笔下如画铺陈，兼融良多人生感悟，或喜悦、或赞美、或惆怅，九曲回肠，情韵横生……

秉烛调墨的吕碧城，用她明察秋毫、敏感多思的灵慧写景状物，在她驻笔凝神间，她的呼吸随墨香氤氲，揉进流淌光阴，即使时隔久远，亦能让人闻香心动……

从明山秀水间归来，似从仙境重返苦难的人间。路过南京，吕碧城看到很多工人困守街头、坚持罢工，他们灰头土脸、愁容惨淡，紧握的拳头攥着生活的艰辛和满腔的愤怒，他们朝九晚五、兀兀穷年地劳作，却饱受统治者剥削，吃不饱、穿不暖，忍饥挨饿地挣扎在生死边缘，他们的天空是灰色的，终日笼罩着贫苦、绝望和恐慌。他们奋起，是因为被逼到无路可走，他们因痛苦而燃烧的目光，是觉醒的星星之火。

除了工人，还有好多学生，他们稚气未脱的脸上同样充满愤怒，他们拥有纯净而崇高的爱国之心，忧国忧民，他们为正义而呐喊，为光明而战斗，但这样的他们，却让每一个有良知的人感到痛心——正因国之不幸，让本该在教室里安心读书的学生走上街头抗议……

吕碧城和同行的游伴看到这些苦难而坚忍的工人、学生们,心有不忍,可出行带的钱不多,她们不约而同地回旅社退掉了豪华房间,把节约下来的钱都送给了工人和学生。

回到上海,吕碧城把她旅途所作诗词以及之前部分旧稿进行编著,定名《信芳集》出版。《信芳集》的问世对上海词坛诗苑产生很大影响,赢来众多文坛名宿的推重;而售书所得资金,吕碧城悉数用于做公益,资助那些在苦难中求生的人……

任凭风浪起,稳坐钓鱼船。

在这个风云突变的时代,吕碧城远离政坛,驰骋商场,以卓然的气度和非凡的智慧在商界游刃有余,靠一己之力量帮助他人,报效国家。

偶尔,她会读《新青年》报上那些慷慨激昂的文章,时光重溯般的感慨会油然而生。前时,她也曾在《大公报》上口诛笔伐……时过境迁,新人辈出,生活剧目重复上演,而这颗心,已在世事沧桑中变得平和、从容,不会轻易地热血沸腾,学会冷眼旁观地生活,不会被生活所累。

《晏子春秋》里有这样一个情节:崔杼曾经想杀死晏婴,有人说杀不得,于是,崔杼就把晏婴给放了。晏婴不慌不忙地走出来,拉着把绳上了车,他的仆人想驾车快点儿逃离,晏婴却不慌不忙地说:"不用急,跑得快不一定就能活命,走得慢也不一定就会死。"

人生在世,生死有命。在有生之年,能保持理性的平静,找到最适合自己的方式生存,不被外界的喧嚣所左右,务实勤勉,才能活出自我。

吕碧城在乱世中独善其身,爱国之心却从未消减,只是更理性、更务实。在生财有道的同时,她积极投身各种社会公益慈善活动,帮助那些穷苦的人们,继续用她的方式报效国家。

1917年夏末秋初,我国华北地区受台风影响普降暴雨,导致大水为患,海河流域发生特大洪灾。永定、大清、子牙、南北运河等数十条河流相继漫水决堤,受灾范围遍及直隶全境,直隶全省灾民达500余万人。其中以天津、保定两地受灾最为严重。

《北京时报》报道:

南运河决口三处,天津所属岌岌可危,食粮薪炭饮水等一概缺乏。西南关外以至南开南市,日本租界等处,一概水没胸膛,数十万遭水难民,扶老携幼,惨不可言。

天津各河之水陡涨,沿河一带村庄尽成泽国。白河沿岸及其他外避难人民约达三十五万,乏衣缺食,睹者伤心⋯⋯

洪灾肆虐,百姓游离,四民辍业,灾情紧急。北京政府向全国发出请赈通电。上海红十字会代表回沪后也发起赈灾提议,吕碧城听闻这个消息,在第一时间内发起成立“京直水灾女子义赈会”,并起草赈灾通告:

迩者，奇灾告警，大浸稽天，黔黎惨逐波臣，京畿沦为泽国。序已残秋，未退潢卉致勃勃行潦；地非极纬，瞬成雪窖冰岩。等三军之挟纩，盼寄寒衣；忾万户而断炊，待输义粟。本会由海上诸女士所发起，本芳菲悱恻之怀，为博施普济之举……惟以广益集思，众擎易举……此日贤劳备至，他生福慧双修。用肃芜笺，伫迟芳躅……

赈灾通告发布后，吕碧城不仅自己慷慨解囊，捐献 10 万大洋资助灾民，还奔走各界劝募，多方筹集救灾货款，并将得筹巨资悉数送往北方灾区。

吕碧城的义举赢得了社会各界赞誉，其中樊增祥在信中这样写道：

……巾帼英雄，如天马行空，即论十许年来，以一弱女子自立于社会，手撒万金而不惜意，笔扫千人而不自矜，此老人所深佩者也……

国家有难，匹夫有责。身为一介女流，吕碧城宅心仁厚、义薄云天，实在难得。而她之所以能在国家有难时慷慨相济，则是因为她在乱世中激流勇退，明智地选择了经商之道，在短时间内积聚了可观的财富。她的这番壮举，远比空喊着爱国却不愿去实践的人可贵。正因为她有这样一颗仁善、诚挚之心，所以她在商场上也享有良好声誉。

　　一个弱女子，就这般独立寒秋，在乱世中精致地活着，读书、经商、写诗作词、募捐……做她爱做的事，做她想做的人，以她独有的灵慧，活出了一道靓丽的风景。

靓女富商

时值洪灾泛滥，北洋政府虽发出赈灾通告，自己却并不致力于此，派系间仍争权夺利，屡开战端。

段祺瑞和总统黎元洪之间矛盾激化，酿成"府院之争"，自诩为"武圣人"的张勋借口调停，率领"辫军"入京，并于7月1日和"文圣人"康有为等人身着朝珠蟒服，拥傀儡皇帝溥仪"重登大宝"。张勋自封为议政大臣。

一出复辟的丑剧使北京估衣店的假辫子、前清朝服成了热门货，被用作装殓死尸的朝冠朝靴、花衣蟒袍价格大涨，家家户户悬挂清朝的"龙旗"。这一起运动，使得上海丝绸业空前繁荣，吕碧城的丝绸锦缎亦是供不应求，几度被抢购一空。

这场运动很快过去了，"龙旗"没挂几天，张勋复辟逆行招致各地志士口诛笔伐，段祺瑞顺势组织"讨逆军"进攻北京。不久，溥仪退位。

张勋复辟失败后，黎元洪辞职，由副总统冯国璋继任；段祺瑞则以"再造民国"的"功臣"入京复任国务总理，重新控制北京政府，拒绝恢复《临时约法》和国会；孙中山随即举起维护《临时约法》的大旗，成立护法军政府，发起护法运动。

各地战乱与洪灾一起肆虐，所及之处民众苦不堪言。当时的名报《益时报》发出这样的感慨：

> 水灾方亟，兵祸又开……为少数人之虚糜，一部分之捣乱，忍使亿万生灵萃于惊涛骇浪之中，弹雨枪仗之内……

乱世之中，天灾人祸竞相肆虐，人命贱如蝼蚁。每天，吕碧城都能看到衣不蔽体的灾民，昨天还苟延残喘，今天已横尸街头，其情其状惨不忍睹。她倍感个人力量的渺小，也深感世事无常，对于命运和人生的迷茫，依然常常困扰着她。

"邦有道则知，邦无道则愚"是先人告诫后人的处世之道：贤士懂得在世道清明的时候以智效力、以仁显名，在世道混乱污浊的时候就要装作愚钝。吕碧城有一颗忧国忧民之心，她虽不问政事，但对国家兴衰、百姓疾苦却常怀关切之心。

> 冷眼人间万艳空，前生明月可怜侬。

人天小劫同沦落，群玉山头又一逢。

十年清梦绕罗浮，物外因缘此胜游。

欲折琼枝上清去，可堪无女怨高丘。

清标冰雪比聪明，呼鹤青城证旧盟。

为感芬芳本吾道，山阿含睇不胜情。

……

残雪落梅、萧雨谢荷，吕碧城感时伤怀，寄情笔墨，她希望自己经世济时、仁善爱民，又能超然物外、与世无争，心境平和地面对这世上的所有悲欢疾苦。可是，世事沧桑，身处其中，想要置身事外、目不染尘，太难。

古有苏东坡，虽才高八斗，但仕途坎坷，因作诗讽刺新政被捕入狱，几次濒临被砍头的境地。后连番被贬，几经颠沛流离之苦，可他始终保持旷达乐观的精神，从不怨天尤人。他随遇而安，乐善好施，并在文学领域孜孜以求，取得杰出成就。被贬黄州，虽居所陋寒，他月夜起行，携友赏月。"何夜无月？何处无竹柏？但少闲人如吾两人者耳。"幽默地唯我独尊，眼前的凄苦之地似为月宫漫游。被贬惠州，虽官职卑微，他依然胃口大开，"罗浮山下四时春，卢橘杨梅次第新。日啖荔枝三百颗，不辞长作岭南人。"再贬琼州，地处偏远，他仍泰然处之，"九死南荒吾不恨，兹游奇绝冠平生。"

这样强悍的内心力量，或者可以让人凌驾于世间的任何苦难之上。吕碧城追思古人，努力平复悲国悯人之痛，致力于经商，积累财富供己助人。

秋冷霜冻，万花凋零，北方的洪灾也随着时间的流逝凝成一个可怕的回忆。

时间藐视这尘间的一切苦难、纷争和荣辱，仍然波澜不惊地前行。

护法运动愈演愈烈，很快遍及十多个省。文化运动也如火如荼，《新青年》仍然是新文化运动的前沿阵地，先锋派与保守派针锋相对，就是否使用白话文各执一词、争论不休……

举国上下，嘈杂一片，人心浮躁。大上海鱼龙混杂，光怪陆离，成为文争武斗的聚集地。

深秋时节，十里洋场，一个名为"新世界"的娱乐场大张旗鼓地开张了，这个建筑面积1.7万平方米、每天可接待游客2万人的娱乐场里，商贾云集、店面林立，电影院、舞厅、商场、餐馆一应俱全，诸多娱乐项目吸引着三教九流流连忘返，热闹非凡。

时光荏苒，世事难料，舞场里歌舞升平、觥筹交错，与外面的纷争相比宛若天上人间。在悠扬的乐曲中旋转，忘却前尘后事，忘我地投身于这虚设的太平盛世，给烦扰的身心以暂时的解脱，这样纸醉金迷的娱乐场就成了乱世中的避风港。

吕碧城在此经商有道，加上前时购买署券增值，两年间，她已经富甲一方。

闲暇之余，吕碧城也常常涉足舞场，学跳交际舞以自娱。吕碧城对于时尚有与生俱来的审美，她认为"女人爱美而富情感，性秉坤灵，亦何羡乎阳德？若深自讳匿，是自卑抑而耻辱女性也"。而对于跳舞，她在《说舞》一文中说：

> 人类无分文野，本天性发而为歌，舞则同也。为文明愈进则跳舞愈成为崭新有统系之仪式。迂拘者目为恶俗，每禁戒其家属勿事学习，此无异哀乐发于心而禁其啼笑。拂人之性，古圣不取。舞之功用为发扬美术，联络社交，愉快精神，运动体力。若举行于大典盛会，尤足表示庄严……

生逢乱世，报国无门，情无所寄，在商海中搏击，以昂扬的姿态面对混乱尘世，对镜梳妆，舞场竞技。吕碧城的逍遥里，藏着无尽的萧瑟和疼痛，而她硬是勇敢地踏着那萧瑟和疼痛翩翩起舞，以美到极致的姿态张扬她独特的存在。

孔雀翎插在乌黑的鬓发间，随舞步轻颤慢摇，袒露香肩的晚礼服如花散蕊，随舞步荡起涟漪，她在人群中笑语盈盈，在进退、旋转的舞步中，把这浮生的困惑、纷扰、艰辛化作轻飘的风，尽数驱散。在她转身回眸间，任生活的风雨如何逞强施威，她依然高贵、傲然，靠自己的力量凌驾于苦难之上……

> 按先君故后，因析产而构家难。惟余锱铢未受，曾凭众署券。余素习奢华，挥金甚钜，皆所自储，盖略谙陶朱之术也。

"千金散去还复来。"昔日,李白吟诵诗句时,内心涌动着怎样的感伤和悲壮?而吕碧城"素习奢华,挥金甚钜,皆所自储"中含着的是自豪与理直气壮。

一个人,若是对人生有自己的解读并坚持自己的理想,拥有足够的智慧和物质基础,他的人生便会变得底气十足。

古往今来,无不如此。

在忙碌中,时间似乎过得格外快,转眼,枝头的叶子都已转黄谢落,只剩下光秃秃的枝丫,在寒风飞雪中嶙峋如骨。到了元旦前后,一年最冷的时节,世间的一切似乎都要被冰雪封冻。

然而,上海的十里洋场从来不曾冷场,它总是层出不穷地上演真真假假的剧目,热闹喧腾地吸引着人们的关注。这一次,新世界娱乐场举办"花国"选举,要在上海的名媛淑女和交际花、名妓中立侯封将。一时间,这场选举成了家喻户晓的"要事",大家被战火硝烟轰炸得麻木的神经为之振奋,对此无不翘首以待、津津乐道,那情势,似比真正的总统竞选还要隆重、夸张得多。

吕碧城自然懒得参与这样的闹剧,只是带着消遣的心思去看。这场选举,明看是女人们的较量,暗里还是些富商权贵无聊的争斗,谁的手段高明,谁亲近的女人就胜出一筹。

于是,这样的选举便成了权贵们争强好胜的幌子,可参赛的女人们还是竭尽所能地争奇斗艳。吟诗、唱曲儿,实在没能耐的,就在台上来来回回走两圈儿。难得的是,无论胖瘦美丑,到了台上,一个个都趾高气扬、信心百倍,谁都觉得自己举世无双。即使诗吟得有气无力,曲儿也唱得五音不全,但不妨碍她们激情四射。台上耍得自得其乐,台下看得兴致勃勃,嘻嘻哈哈没个正经,这样的选举竟也作数。

这般来来往往地闹腾了几天,总算出来个结果,不过这结果让人啼笑皆非——摘得桂冠的既不是仪态万方的名媛,也不是举止优雅的淑女,而是一个欢场卖笑的名妓。

至此,"花国大总统"是名妓,"花国副总统"、"花国总理"也都是名妓、交际花之流。这原本郑重其事的选举成了一场荒诞的闹剧,对时局充满了嘲讽意味。

时段祺瑞、冯国璋、王士珍一起并称"北洋三杰",各自拥兵明争暗斗,闹得国无宁日,民怨四起,他们当政,自然不得民心,一如这些名不正言不顺当选花魁的妓女和交际花。这样的隐喻,让观众吐了一口浊气,没人计较比赛是否公正,因这天下难有公正可言了。

吕碧城观看了整个选举过程,回想这几年的浮沉,不由心事翻涌。

旧时亲友,现在已天各一方,死的死,散的散,当年的凌云壮志早已随着过期的《大公报》静止成苍白的文字,曾经热血沸腾谋求兴办的女学也已几易其主,袁世凯早就死了,袁克文由前时呼风唤雨的二公子变成落魄的世家子弟,将继承的祖业挥霍无几,过着醉生梦死的生活……

大家熙熙攘攘地凑到一起热闹了一番,然后各奔东西,其中的一幕幕也似这般虎头蛇尾的闹剧,只是,却让人笑不出来。

深邃的夜空，静默如一张偌大的纸笺，白雪是它谢尽盛世繁华的残屑，扬扬洒洒地落下，融入尘埃，然后蒸发不见，一如数不清的生灵，由生到死，短短瞬间；而天空，就这样隐晦地叙说着万事终来虚空的道理，而后无边无际地空白着，给凝望它的人以无尽的遐思……

这个冬天，雪下得频繁，寒意无尽地漫延开去，让人越发心意萧瑟。

吕碧城常常伫立窗前，看外面的飞雪。她记得，许多年前，她踟蹰天津街头时，漫天飞雪就是这般跳着旋舞铺天盖地，似乎想把这尘世间的一切掩盖，把所有的纷扰冰冻三尺……

每每追忆，都带给她无尽的感伤和迷惘，尤其是在夜深人静的时刻，没有生意需要打理，没有歌舞可以消遣，静听自己的心跳，便会生出莫名的惆怅。

那时，她屡屡碰壁，几乎走投无路，可她为了生存而坚韧不屈，因怀有梦想而鲜活热烈。现在，她可以平静地看这漫天飞雪，再不用担心生计，再不用为经济拮据而苦恼，可为什么，这颗心反而空旷如野？

她难道要一直这样，在富足的生活里沉迷下去，失去梦想未来的勇气，在空幻的梦境或无端的愁绪里度过余生？

这富丽堂皇的屋子，太过冷寂。特别在夜晚，她看着自己长长的影子被灯光投落在地上，随着她的移动而悄无声息地短短长长，她听到自己哀长的叹息回音袅袅，没人听她倾诉，也没有人需要她的聆听，整个世界都似把她遗忘，留她一个人在这些静夜里祭奠逝去的青春……

或者,她应该做些更有意义的事!可是,做些什么呢?

这乱世红尘,有人满腔热忱地投身革命,在硝烟战火的洗礼里,在生与死分秒必争的较量里,去实现自己的人生价值;有的人处心积虑地谋权夺利,排除异己不择手段,如负重的蜗牛,丑陋又执着地一心向上爬;有人安于现状,随遇而安,迷迷糊糊地打发日子,多活一天是一天;有人妻离子散,家破人亡,终日饱受贫寒困苦的折磨,命如蝼蚁,朝不保夕……

她的路,应该怎样走下去,能让自己这颗浮荡寂寥的心踏实安稳?

若夫乘道德而浮游则不然,无誉无訾,一龙一蛇,与时俱化,而无肯专为;一上一下,以和为量,浮游乎万物之祖,物物而不物于物,则胡可得而累邪?

人能虚己以游世,其孰能害之。

烦闷无着,会翻阅书卷消磨光阴,老庄这些劝人慰己的句子映入眼帘,吕碧城细细品读,略有所悟。

庄子认为,人要想活得轻松愉悦,应该一边修道,一边养德。逃出世事与物欲的牵绊,不受外界毁誉的影响,而能顺应社会的变革,灵活改变自身的处境。可以像天上的金龙那样腾飞,也可以像洞里的黑蛇一样暂时蛰伏,随机应变,不故步自封,该显扬就显扬,该隐匿就隐匿,将外界环境与自身需求巧妙结合,选择最好的生存状态——

明白众生皆过客的道理，可以役使外物但不被外物所困，不受人摆布驱使，争取悠然自得、自由快乐的生活。

这样的生活状态，她还没有达到。

她不该把时间浪费在追忆与感伤之中，而应该继续努力克服种种困难，挣脱种种羁绊，读更多书、写更多诗词，把生意经营得更红火，绝不故步自封、作茧自缚。

吕碧城就是这般，不断地反思，而后不断超越自我，她的天地，也便在这反思与超越中越发广阔……

滚滚长江东逝水，浪花淘尽英雄。是非成败转头空，青山依旧在，几度夕阳红。白发渔樵江渚上，惯看秋月春风。一壶浊酒喜相逢，古今多少事，都付笑谈中。

吕碧城喜欢这首《临江仙》。经历了那么多的挫折，彻悟了尘世的兴衰，吕碧城深深知道，人生苦短，不可虚度。

她加入柳亚子等人创办的诗歌社团，并积极参加社团聚贤兴诗的活动，每次她创作的诗词都精妙绝伦。在此期间，吕碧城还勤奋地自学英、法、德语言，皆学有所成。多国语言的灵活运用，加强了吕碧城的交际沟通能力，她与洋人贸易来往，拓展了销售渠道，生意越发兴旺。

吕碧城会赚钱也会享受，出入以汽车代步，并在上海静安路建起自己的花园别墅，室内装潢富丽堂皇，陈设十分考究。她还雇用了印度籍巡捕,以保障她出入的安全。

　　人格独立、经济独立、睿智豁达,这些使吕碧城在那个充满战火硝烟的男权社会中特立独行。经商、跳舞、唱歌、听戏、追逐时尚、读书、写诗作词,中西合璧的生活丰富多彩,她活得那般肆意畅快……

独步红尘

　　……山中阴雨，则云气腾涨，山峦悉隐，窗外景物虽近咫尺，亦漫无所睹，轻云冉冉，且由窗入室。予每以口吸之，盖吾人已身在云端也，惟秋寒袭人，愈形萧索。越日，天忽放晴，微云抹空，蔚蓝无际，与朱楼翠嶂相辉映，景至明靓，气候亦融暖如春，午后，予散步山麓。山花作蓝色，娇艳可玩，散于山隈，寻而撷之，渐忘路之远近，偶一回顾，则千峰夕照又易原境矣。

　　欲行迷路，欲伫立以俟行人，既足音杳然，而日堕岹嵲，怅怅何往，悔惧交并。方彷徨间，忽山麓之翠丛微动，一白衣西人款步而出，向予致辞曰：予睹君于前山为时久矣，君必迷途，愿为引导，可乎？予欣然谢之，询其姓氏，为感而思。彼语予时，操英语，然予固辨其为德人也。伴予于旅馆门外，并以所采之紫花一

186

握，赠予而别……

床头的书架上，有她写的《信芳集》，这本书里，有那次游庐山回来写的《游庐琐记》，闲暇时翻阅回味，山中光景怡人，迷路时得遇指引的趣事常常令吕碧城忍俊不禁。

人生便是一场漫长的旅途，时有歧路难行的时候，有人引路是莫大的幸福。

幼时，她的引路人是父亲，他教她认字读书，教她懂得人情世故；涉世之初，她的引路人是英敛之，他聘她为《大公报》主笔，帮她兴办新式女学；再后来，秋瑾被捕入狱，她受了牵连，袁克文帮她摆脱困境，又介绍她进了袁公馆担任总统秘书……

现在，她已另辟蹊径，不必再为生计惶惑忧虑。然而，一个人事业再成功，如果孤单得太久，心还是会慌、会空，尤其怕逢年过节，看到别人家热热闹闹的，自家越发显得冷清。

偶尔，吕碧城会想，是不是该考虑一下自己的终身大事？

生平可称心的男人不多，梁启超早有家室，汪精卫太年轻，汪荣宝人不错，也已结婚，张謇曾给我介绍过诸宗元，诸诗写得不错，但年届不惑，须眉皆白，也太不般配。我的目的不在钱多少和门第如何，而在于文学上的地位，因此难得合适的伴侣，东不成、西不就，有失机缘。幸而手头略有积蓄，不愁衣食，只有以文学自娱了。

前时,曾有朋友问过她,她记得她是这样答的。她的老师严复还曾替袁克文提过亲,她也拒绝了。

此时的袁克文过得怎样呢?家道中落,他的兄长还视他如眼中钉、肉中刺,会百般刁难他吗?他还是那般玩世不恭,风流多情吗?

好久没见他了……

凝神间,似想起他写的那首劝诫父亲袁世凯的诗:

乍著吴棉强自胜,古台荒槛一凭陵。

波飞太液心无住,去起魔崖梦欲腾。

偶向远林闻怨笛,独临灵室转明灯。

剧怜高处多风雨,莫到琼楼最上层。

在当时,吕碧城并未觉得这首诗除了劝诫之外有什么可取之处,可现在回头吟诵,竟然句句惊心,袁克文的这首诗于世事有先见之明,锋芒内敛深含哲理,他用南方苏杭一带的丝绵所做的秋装不利取暖,来譬喻父亲袁世凯靠南方革命成功的力量争权无望,奉劝袁世凯不要贪心不足、铤而走险。

作此诗时的袁克文,总以玩世不恭的姿态掩饰他的愁闷,他的心中该有怎样的痛苦和无奈?

小院西风向晚晴,嚣嚣恩怨未分明。

南回孤雁掩寒月,东去骄风动九城。

驹隙去留争一瞬，蛩声吹梦欲三更。

山泉绕屋知深浅，微念沧波感不平。

不由得细品他写的另一首诗：袁克文劝袁世凯，辛苦一生，到晚年有所成就应该珍惜，人生苦短，千秋功罪一念间，做事应慎重，应有自知之明。

反复吟诵，吕碧城深为这两首诗中的意境、哲理所折服，同时，也越发为袁克文感到惋惜，这般才情，德业事功竟一无所成。袁克文的幸与不幸，都源自他是袁世凯的儿子。妻妾成群，纵情酒色，他脸上笑着，心里痛着。而她，到现在，似乎才读懂了他……

这一天，一大早，有客来访。

吕碧城出门一看，竟然是袁克文！

他站在那里，依然精神焕发，家境变迁的苦痛似乎于他没有影响。久别重逢，他给她说北京的轶闻趣事，说此次来上海沿途的种种，唯独不肯给她说自己处境的艰难。

他不说，吕碧城也不提及。有时，一个人有伤心事，去安慰了，反而是一种伤害；佯装忘了，闲谈些无关紧要的琐事，大家心里都轻松。

他来得匆匆，坐了一会儿便要走。走之前，他给她一张戏票，说"新世界"的戏院里有京剧表演艺术大师梅兰芳的戏场。

"为什么只是一张呢？"她疑惑。

"本来是我要去看的，我有事，你替我看。"他笑吟吟地说。

原来是这样，吕碧城接了票，晚上按时前往。

彼时，梅兰芳已名冠天下，每每出演，座无虚席。吕碧城的票座正处戏台正中，远近适宜。她坐下，静心看戏。

开演的剧目是昆曲《千忠禄》，前清李玉所作，说的是明初建文帝采用儒臣齐泰、黄子澄的计谋，削弱藩王权力，结果招致燕王朱棣不满。朱棣遂以讨伐齐、黄两王"破坏祖训"为由，借"清君侧"为名，于北京起兵，一路打到南京，引发"靖难"之战，把建文帝赶下台，自拥为永乐皇帝。朱棣称帝后心狠手辣，凡不肯降服者，一律格杀，景清遭剥皮揎草，齐泰和黄子澄被凌迟处死，方孝孺被诛灭九族。而建文帝在南京城失守时，听从朝林学士程济的建议，为求保全性命乔装改扮，削发为僧，从地道逃走，先躲到吴江史仲彬家，后来逃往襄阳，流落在滇黔、巴蜀等地，直到宣德皇帝大赦天下，才得以回归京城。

台上，演员声情并茂；台下，观众聚精会神。

今人唱古戏，古事又重提，古今两对照，事事不相离。

争权夺利，古往今来情节大同小异。一样的针锋相对，一样的你死我活，胜者为王，败者为寇，换的，是主角和配角。

戏台上，梅兰芳出场，果然技高一筹，观众掌声雷动。

吕碧城渐渐听得入了神——戏如人生，人生如戏，这台上的分明是演员，可又活灵活现如死而复生的古人，锦冠玉带，龙袍蟒服，阴谋诡计，步步为营……一时间，她便忘了自己身在何处，似真的穿越时空,到了那宫阙深处,置身于刀光剑影之中。

台上,演到《千忠禄》最有名的一折《惨睹》,建文帝剃度为僧,逃窜在外,一路上看到被杀群臣尸首遍野,被牵连的在乡臣子和宦门妇女被强行押解,种种惨状触目惊心,不由悲愤万分,声泪俱下……

吕碧城正两眼潮热,揪心如焚,忽见台上烟雾升腾,周遭灯光隐灭,眼前景物一片模糊,紧接着,雾霭深处,传来肃杀之声,紧锣密鼓,峥峥弦响。惊心动魄间,乐声急转直下,变得哀伤幽怨、如泣如诉,就听"建文帝"字正腔圆:

> 收拾起大地山河一担装,四大皆空相。历尽了渺渺程途、漠漠平林、垒垒高山、滚滚长江,但见那寒云惨雾和愁织,受不尽苦雨凄风带怨长。雄城壮,看江山无恙,谁识我一瓢一笠到襄阳……

昔日的天之骄子,高高在上,万人朝拜,今日穷途末路、担惊受怕,其情其境,让人悲伤怜悯。

世事无常,到处兵荒马乱,她一个无依无靠的弱女子在商场单打独斗,如履薄冰,生之不易、命之多艰,又有谁能体谅分毫……往日里压抑下的苦闷迷惘被引发了出来,吕碧城不由潸然泪下。

朦胧的泪眼前,就见长身玉立的"建文帝"慢慢从雾色里走出,神色沉郁,唱腔苍凉,举手投足间,帝王的尊贵与亡国之君的落魄都演绎得丝丝入扣、动人心弦。

吕碧城凝视着他,听他叹息,听他唱戏,忽然就觉出异样来:虽然他脸上画了油彩,可他的眼神、他的气韵,她都似曾相识一般。

吕碧城不由疑惑,再仔细看,却见"建文帝"有意无意瞧过来,只那一眼,吕碧城便恍然大悟:演建文帝的,竟然是袁克文!

怪不得他说他有事,怪不得他能把戏唱得这么好,他对建文帝的遭遇感同身受,唱出的,不过是自己的心声,而他,有心为她唱这出戏——到处兵荒马乱,世事难料,他这沦落之人,她这孤独之身,可愿就此相惜相伴?

他用心良苦,她懂,可她不能。

吕碧城默默起身,离开。

身后,袁克文仍站在迷雾之中,他悲伤的目光烙印在她的心里,她不敢转身,亦不敢承受。前时,她不能爱他;此后,她亦不能。他不是她安心栖息的港,她亦不是他长久避难的湾,就此作别,让那份情得以纯净地尘封,于他,于她,都是成全……

已是午夜,星临万户,万籁俱静。

吕碧城慢慢往家里走,沁凉的空气直入肺腑,带过彻骨的寒意,让刚刚激荡的心绪复归平静。仰望星空,漫天繁星如散落的钻石,晶光璀璨,又似结晶的泪珠,忧郁地俯望着她,看她孤独的影子单薄如纸……

这一程孤独之旅,还要走多久?一年、两年,还是一生一世?人海茫茫,却找不到一个人可以相依相偎。这样的寒夜,似乎会把她连同影子一起冻僵……

　　吕碧城拭去眼角的残泪,恍惚地记起袁克文在台上深情的回眸,她蓦然停驻,转身,远远看去,"新世界"的霓虹灯影如缥缈的海市蜃楼,将袁克文的多情与哀愁化为虚远的存在。

　　她倒退着,慢慢走,那细细碎碎的灯影忽闪着,与天空的星光杂糅,让人分不清天上人间,分不清梦里梦外,她闭上眼睛,感受冰冷的风自颈项拂过,然后似化成浮云承载着她,让她有如漫步云端地轻盈。

　　如果,他追出来,宁愿从此他的世界只有她一个人,她会不会为他停留?

　　不会。

　　他有他的骄傲,不肯为任何人改变,何况,他的戏还没唱完。而她,不敢拿自己的幸福赌那个"如果"……

　　身后,传来一阵声响,紧接着,有什么扑在她的腿上,还伴着声声低吟!吕碧城一惊,回头一看,竟然是她养的那只小狗杏儿,它远远地迎她来了。

　　吕碧城蹲下来,把杏儿抱在怀里,心里涌起一阵久违的温暖。这样一只小生灵,却是忠诚的坚守与执行者,一心一意地爱它的主人,无论她贫富贵贱,而男人和女人之间,忠诚稀缺……

　　一路走回家,没有灯光,一片冷寂,可今夜,因为杏儿的远道相迎,这冷寂里充满了温馨。她把杏儿放进它的小床,它困极了,呜咽了两声,便安心闭上眼睛睡去了。那样安恬的睡容,让她的心为之悸动。杏儿没有过多的欲望,心境纯净,所以可以轻易得到满足和快乐,而人的欲望太多,总想要圆满,所以总是患得患失,难以欢愉……

吕碧城起身走到窗前,久久地对着广袤的苍穹失神。

一颗流星自天际滑过,留下一道闪耀的轨迹,转瞬即逝于无边的黑暗。从生到死,光艳的一闪,浮生苦短,当自珍重。

既然遇不到可以依恋的人,那么,没有伤害、没有争吵和烦琐的俗事,一个人生活也很好……

吕碧城没有看到站在院门旁的袁克文。

他下了台便匆匆赶来,她窗前的灯光突兀地亮在深沉的夜色里,她的身影,罩着光晕,清卓而孤傲。那是他此生可望不可即的女子,他渴望拥有,但咫尺天涯,即使他肯跋山涉水,她亦不肯为他接风洗尘,不然,她不会中途默然退场。

他深深地凝望她,看她孤独地伫立,寂寞地叹息,然后,她垂下头去,转身走远,灯光瞬间熄灭。

他心里一痛,倏然举手推门,但,举在半空的手到底迟疑地落下了。他不能打扰她。他过早沾染红尘,便注定了他与她的错过。这许多年,她的坚守和她的脆弱,他懂,他该做的,是呵护和成全。

不是谁的对错,一切命定,他与她,纵使才情两悦,无奈遇见时,命运已交错,而非同行。

有时候,爱一个人,离开她,亦是爱她。

他颓然转身,在这凄寒的冬夜,轻悄地走远……

清晨醒来，推门而出，她看到院门旁，一串来回的脚印清晰地印在雪地上，她心里一紧，站在那里，凝望着消逝在远处的脚印，千头万绪涌上心头，化作一声轻叹。

此生，就此别过……

万水千山总是情

赋情凄欲断，正翠袖欹寒，碧云催晚。

深篁自蓊菁，弄阴霾不放，斜阳一线。

回肠婉转，有几许、新词题遍。

只生来、命薄魂柔，早是鬼才先谶。

重展簪花小记，墨晕微黟，潜痕犹茜。

年时幽怨，似梦影，春云变。

叹飘零病蝶，销残金粉，为底铢衣犹恋？

镇无聊、绣谱重翻。旧怀顿减。

七章　万水千山总是情

只身赴美

乍暖还寒时候,最难将息。

好在,一夜辗转,醒来天气晴好。

吕碧城应老友徐蔚如之邀,和他一起来北京江西会馆听谛闲法师讲经。

谛闲法师,法名古虚,号卓三,被得道高僧誉为"法门龙象",28 岁就开始广布《法华经》,辩才无碍,说法利人。后来,他将观宗寺建成东南一大名刹,创立"观宗学社",教通三藏,学究一乘,诲人不倦,道誉远播。

吕碧城满怀景仰敬畏之心前往参谒,并与徐蔚如几个朋友一起受三皈五戒,取法名为明困。《圆觉经》里说:

文殊汝当知，一切诸如来。从于本因地，皆以智慧觉。了达于无明，知彼如空华，即能免流转，又如梦中人，醒时不可得，觉者如虚空……

从北京回来，午夜梦回，吕碧城每每吟诵这些经文，想到这些年来的辛苦遭逢，都有浮生虚幻之感。

四妹正当青春年华、工诗善绘，却猝然离世，随后母亲也走了，这接连的丧亲之痛将生死的无常残忍地印刻进她的心，每每触及，都令她感到惶恐惘然。她七年如一日执教兴学，以拳拳爱国之心栽培人才，可一场战争便轻易将她的心血毁于一旦，学校无法正常开课，在战争中几易其名，学生无心就学，人心浮躁。到处都在示威游行，到处都宣扬爱国和正义，可爱国志士死的死、伤的伤，正义何在？

随后，她因与秋瑾有书信往来而被牵连，看到清廷对革命党人大肆搜捕，好些昔日在一起写文论事的朋友被捕入狱，她饱受惊吓。接着便听到秋瑾壮烈牺牲的消息，那样一个忠心为国、追求自由和光明的秋瑾，竟然为世所不容，天理何在？若不是袁克文帮她渡过难关，她现在怕早已是一缕幽魂了……

当了总统秘书，每天看官场尔虞我诈，看打着爱国兴邦旗号的袁世凯越来越离经叛道，她愤然南下，投身商场，孤军作战。现在虽然富足安逸，可这颗心从来没有真正踏实安稳过。国家有难，民不聊生，她又怎么能安心独享安逸？她常常感到迷惘、孤寂。

这世上，有没有一块净土，可以让她看到太平盛世，没有血腥、战争、压迫和掠夺，只有光明、正义、公平和自由？有没有一个人，可以一心一意爱她，值得她交付身心，不必担心被误责和伤害？

佛说，人生八苦，生、老、病、死、爱别离、怨憎会、求不得、五阴盛。而这八苦，天下生灵无人能免，真可谓苦海无边，她又怎能奢求得以脱离？

"欠债当还，还了便没事了；但既知还债的辛苦，切记不可再借。"这是谛闲法师对她的劝诫。

爱她的，她不爱，偏偏她又受人恩德，无以为报，是欠人情债；想要的幸福求不来，看到众生苦、天下乱而有心无力，心生怨憎，是欠了心债。

她该怎样做，才能不欠不还？

转眼，便到了夏末秋初，烈日收炽，凉风送爽，正是一年最美好静谧的时节，吕碧城却病倒了。

前些年的辛苦辗转，让她原本柔弱的身体雪上加霜，时有病痛。这次感染风寒，竟多日不见好转，吕碧城对自己的身体健康状况不由忧心。她在给友人费树蔚的信函中随附《瑞鹤仙》一首：

赋情凄欲断，正翠袖欹寒，碧云催晚。深篁自蒨蒨，弄阴霾不放，斜阳一线。回肠婉转，有几许、新词题遍。只生来、命等魂柔，早是鬼才先谶。

重展簪花小记，墨晕微黟，潜痕犹茜。年时幽怨，似梦影，春云变。叹飘零病蝶，销残金粉，为底铢衣犹恋？镇无聊、绣谱重翻。旧怀顿减。

费树蔚小吕碧城一岁，和吕碧城一样，因反对袁世凯称帝而盛年隐退，他对吕碧城的种种遭遇感同身受，常常鼓励和安慰她。当他看到吕碧城的来信，字里行间都是挥之不去的忧郁，不由对吕碧城的身体和精神状态十分担心。

一个人如果长时间禁锢于某个地方，会因环境的闭塞而心境沉郁，走出去开阔一下视野，呼吸新鲜的空气，会觉得神清气爽。想到这些，费树蔚提议吕碧城到"寰球中国学生会"办理赴美游学，去海外看看。

"寰球中国学生会"是归国留学生组织，时由朱少屏担任总干事，负责介绍归国留学生应聘事宜，并为各地经沪出国学生作各种安排。吕碧城的好友张默君也递交了赴美游学申请，吕碧城遂决定与她一起前往。

可是，就在吕碧城办完各种出国手续时，她的病情越发严重，遂未能与张默君同行。大姐惠如知道妹妹病重，从南京赶来，把吕碧城带到南京居所，悉心照料，吕碧城的病情才渐渐好转……

秋风渐冷，吕碧城由南京回到上海，料理生意、加紧做出国的准备，转眼到了11月份。

第一次世界大战以"协约国"获胜而结束，德国投降的消息传来，国人欣喜若狂，都以中国为战胜国而自豪万分。北京政府为此宣布举国大庆三天，并在故宫太和殿前举行了大型阅兵典礼以示庆贺。上海的大街小巷一时间热闹非凡，到处张灯结彩，喜气洋洋。十里洋场的商铺里，大大小小的国旗迎风招展。

欣喜的国人以为中国终于摆脱了内忧外患，即将迎来和平与稳定。北京大学校长蔡元培满怀信心地说："现在世界大战争的结果，协约国占了胜利，定要把国际间一切不平等的黑暗主义都消灭了，用光明主义来代他。"

类似欢欣鼓舞的声音此起彼伏，没有人怀疑中国即将迎来太平盛世。

吕碧城也对祖国的和平与繁荣充满期待。毕竟，一个人生活在现实社会之中，不可能不受社会时政的影响，她渴望看到中国百废俱兴、人民安居乐业。

带着这份期望和祝愿，吕碧城处理完在上海的事务，以上海《时报》特约记者的身份，前往美国就读哥伦比亚大学的文学与美术专业。

临行前，英敛之等旧友前来给她饯行，离情别绪让吕碧城倍加伤感。当轮船渐渐驶离海岸，离故国越来越远，吕碧城情难自抑，泪湿双颊，她为祖国默默祝福，希望学成归来，能更好地报效这片养育她的土地……

海阔凭鱼跃，天高任鸟飞。

亲朋故旧、前尘往事，因远离故土而变得亲切可恋，前时烦恼的心事，也似乎被这海风吹淡。孤身远行，也似卸下了所有的生活重负，轻松地和前时光阴做了一个了断。

海上的行程枯燥无趣，可吕碧城却兴致盎然。晨赏朝霞，暮观落日，及至海上生明月的冷夜，都那般富有诗情画意，而苍茫的大海，如心怀宽博的良师益友，慷慨地馈赠她以豁达，随波轻荡的轮船，一如儿时融入母爱的摇篮，让她在星光月华中安然入梦……

船行多日，又是一个云蒸霞蔚的清晨。不远处，有几座海岛，船员告诉吕碧城，那就是檀香山了。

檀香山是夏威夷群岛的首府，坐落在瓦胡岛的东南方，是横渡太平洋的必经之地。这里居住着的白种人很少，大都是土著波利尼亚人，另外还有华人和日本人。孙中山当年就是在这里创办了兴中会。

"驱除鞑虏，恢复中华，创立合众政府。"想当年，孙中山创办兴中会时，是多么豪情万丈，可事与愿违，兴中会及后来的华兴会、光复会起义均告失败，辛亥革命的战果又被袁世凯窃取，祖国仍在内忧外患中呻吟……

"古今多少事，都付笑谈中。"可当身处国家衰弱之时，又有哪个爱国之人能笑谈？渡轮靠岸补给的时候，吕碧城带着复杂的心情下了船，漫步在约拉尼宫和瓦胡岛的黄金海滩上。她俯身拾起一枚贝壳，看它曾经尖锐的棱角已被海浪磨得钝圆，将它扣在耳边，便有潮声泛起，似不甘地倾诉着什么……

又有一两天的行程，就到了美国旧金山。

吕碧城下了船，中国驻旧金山领事馆陶先生接过她手中的行囊，送她去下榻的宾馆。

旧金山位于美国加利福尼亚州西海岸狭长的圣弗朗西斯科半岛，三面环水，东临旧金山湾，西濒太平洋，北隔金门海峡，环境优美，冬暖夏凉，是座充满生机、艺术氛围浓厚的城市。这里是美国西部最大的金融中心，工业发达，经济繁荣。

吕碧城看着车窗外的城市风光，听陶先生介绍有关旧金山的历史和相关情况，对这个在 70 余年间迅速发展起来的城市初步有了全面的了解。第二天，陶先生引领吕碧城来到华人聚居的唐人街。

陶先生告诉吕碧城，唐人街也称为华埠或中国城，是早期华人移居海外，面对新环境同舟共济而形成的群居地带。

在唐人街的入口处，吕碧城看到有幢深绿色中式牌楼和一对石狮子，上面写着"天下为公"四个大字，这是孙中山先生的豪语，是唐人街的象征。

步入唐人街，时空错乱的感觉萦绕着吕碧城，似乎她这许多天的行程都是空白的，而她并没有离开祖国、离开上海，仍然身处上海的十里洋场，在林立的商铺前左顾右盼。

唐人街让远离故土的吕碧城有宾至如归之感，看什么都觉得亲切可亲。

在唐人街，具有中国特色的餐馆、古董店比比皆是，墨韵横生、笔走龙蛇的汉字楹联也随处可见，来来往往的大都是黄皮肤黑眼睛的中国人，卖的是中国江南的丝绸、景德镇的瓷器、海南的海鲜……琳琅满目，应有尽有。

中国的各种传统习俗也在这里世代延续，几乎每家商铺里都供奉着佛祖、菩萨，大红的中国结高高悬挂、吉祥喜庆……

吕碧城身处其中，浓郁的乡情令她双眼潮热，离开了祖国，才知道祖国的山山水水早已烙印在她的生命里，才知道那里的一草一木都令她牵挂惦念。

她慢慢行走在唐人街上，与人们互相问候，在彼此的微笑中感受同胞亲情……

逛完唐人街，吕碧城买了些生活日用品，吃过家乡风味的午餐，随陶先生回到联合广场，又去看了渔人码头、天使岛，随后的几天，她又去了金门、艺术宫等处。而后，她结束了旧金山之行，独自乘火车去往纽约。

纽约位于纽约州南部，是美国最大的金融经济中心，也是国际经济、交通、金融、艺术中心。吕碧城即将就读的哥伦比亚大学位于纽约市的曼哈顿，毗邻哈德逊河，在中央公园西北部的晨边高地上。它初创于1754年，是英国国王乔治二世颁布《国王宪章》后成立的一所私立大学，开始名为国王学院，美国独立战争后更名为哥伦比亚大学。

哥伦比亚大学历史悠久、声望显赫,具有雄厚的师资和先进的设备,教风严谨、学风淳正,培养过许多杰出的人才。如北大教授胡适先生,还有康有为的女儿康同璧就是这所大学的毕业生。吕碧城为能在这里学习而感到庆幸,她顺利地办理了入学手续,并在这里与张默君等旧时好友重逢。吕碧城主修绘画和英语。

已超过求学黄金年龄的吕碧城惜时如金,勤奋刻苦。为了打好英语基础,她从入门课开始学习,循序渐进,一面加强口语表达训练,一面阅读英美文学名著,研究语法文法,并随时做笔记、练听力。

对于吕碧城来说,英语并不难,只要勤奋,总会学有所得。美术则不同,要想画出好的作品,除了要熟练掌握各种美学知识和技巧,还要有良好的天赋和审美能力。

吕碧城从来就不是服软的人,何况她自小跟着父亲学过水墨山水花鸟,有良好的基础。中国画注重神似,西方画注重写实,但两者也有触类旁通之处,在美学要求上都是和谐统一的。吕碧城也从基础课学起,循序渐进。她终日沉浸在光与色、明与暗的世界里,反复寻找画面效果的对比协调,她勤奋地临摹、写生,画艺日渐精进。

每逢闲暇,吕碧城会和同学们去海滩或闹市写生。

用一颗灵动的心和一双善于发现美的眼睛,去截取眼前流动的风景,用形、色、光、影的效果把美留在画面上,时光在彩色的涂抹中静美地流逝,碧蓝的大海、远去的帆影、嬉水的少年、年迈的老妇……一一呈现在吕碧城的画纸上。那一刻的心情,或恬淡宁静、或欣悦欢腾,都浸染入笔,细细地调成或冷或暖的色调。

逝去的时光是一幅幅定格在记忆里的画,融着悲喜,写着荣辱,再想及,已不会让吕碧城痛苦迷惘。异国游学,让她跳出自我禁锢的思维,去旁观自己的得失,心境开阔而平和。

人生,用心行路,其实就是个作画的过程。独一无二的一幅画,冷暖色调的选择,在自己。而无论明暗冷暖,都弥足珍贵,因为有它们的存在,人生的画卷才富有生趣,才证明了生命的鲜活。

只要活着,就是万幸。

画着,思考着,吕碧城就这样,在求学中继续完成自我心灵的救赎。她画了很多素描、速写和油画作品,把求学期间看到的、想到的、感受到的都留存在画卷上,她的画作已达到相当的艺术水平。同时,她的英语水平也在学习中逐渐提高。

良好的沟通能力和极高的艺术造诣,让吕碧城在两年的学习生活中,交往了许多朋友,上至议员、贵妇、新闻记者,下至普通工人、店员,这些人际交往丰富了她的生活和内心世界,让她乐观而开朗。她把在美国的所见所闻写成文字,传回国内,在上海《时报》刊发,引领国人一起了解西方文明。

1922年4月,学涯结束。吕碧城归心似箭,绕道加拿大温哥华,经由日本横滨,踏上了归国之路……

游子千里,终归故土。等待吕碧城的,又会是什么呢?

重返故国

本以为,第一次世界大战结束,中国作为战胜国之一,应该获得和平良好的发展。然而,在吕碧城离国赴美的这段时间里,中国境内境外时局突变,她回国后,看到的却是另一番景象。

当吕碧城了解了这四年里中国的各种情况,她那平静的心再次为之激荡和忧虑。

虽然,世界大战已经告停,但国内的战争仍然不肯停息。

段祺瑞因对南方护法军政府作战不利而辞去国务总理之职,却仍凭借御用的"安福国会"和"参战军"颐指气使,屡开战端。

1919年2月,北洋政府与南方军政府在上海开会议和。结果双方代表各执一词,互不相让,"议和"不成,反而大打出手,闹得不欢而散。

紧接着,第一次世界大战后召开的巴黎和会上,美、英、法等主要战胜国通过的《凡尔赛和约》竟然要牺牲中国利益,把战前德国侵占的山东胶州湾领土,以及在那里的铁路、矿产、海底电缆等各种权利,统统转让给日本,而卖国求荣的北洋军阀政府竟然准备在这个丧权辱国的条约上签字。

上海的《大陆报》和北京的《晨报》先后披露中国外交在巴黎和会上失败的消息,国人忍无可忍,爆发了轰轰烈烈的五四运动。先是北京大学等北京13所大专院校的3000多名学生集聚天安门广场,手执"还我青岛"、"取消二十一条"等标语,发表演说,要求惩办卖国贼曹汝霖、陆宗舆、章宗祥。

随后,愤怒的学生直冲赵家楼曹汝霖的住宅,痛打正在曹家的章宗祥,火烧曹宅;与此同时,陆宗舆在上海也遭到爱国学生及民众的围攻,陆家口、镇海塔下,到处刻着"卖国贼陆宗舆"的字样,前时耀武扬威的陆宗舆惶惶如丧家之犬。

陆宗舆的住宅正巧在吕碧城上海静安路别墅旁。吕碧城回家看到,陆宗舆的别墅一片狼藉,早已是人去楼空……

五四运动后,上海、唐山等地工人相继罢工,后来连上海的风尘女子也组织了"青楼救国团",上街散发传单,称"我们花界,斯业虽贱,爱国则一"。

在全国人民巨大的压力下,北京政府解除了曹汝霖、陆宗舆、章宗祥的职务,宣布拒绝在《凡尔赛和约》上签字。

1919年10月,孙中山将中华革命党改组为中国国民党,自任总理。加"中国"二字,明确提出"巩固共和,实行三民主义"的宗旨。

五四运动后,中国社会的思想空前解放,西方资本主义时代产生过的一切社会政治思潮先后被介绍到中国,各种刊物和社团如雨后春笋般涌现,各以介绍新思潮和改造社会为己任。一时间,"无政府主义"、"社会无政府主义"、"团体无政府主义"、"泛劳动主义"、"新村主义"等数十种思潮喧嚣尘上。在纷繁杂陈的各种学说中,马克思主义逐渐成为主流。

到了1920年,十年九旱的北方大地,遇到了百年不遇的旱灾。

从春到夏,甘霖罕降。河北、山东、河南、山西、陕西五省旱情严重,致使这些地方庄稼焦枯、民食艰难,饿死者达数千人之多。人们以野草树叶和秕糠为生,甚至有实在饿得受不了的一家人关门自尽的惨况发生。

可怕的旱灾引起国内外大规模的赈灾活动,国际社会也多有资助。

就在北方旱灾横行的同时,北京政府掌权的皖系军阀段祺瑞不断扩大势力,与直系利害冲突日益加剧,导致直皖战争爆发。吴佩孚任直系总司令,向皖系军阀发起猛烈进攻,奉系张作霖也派兵入关参战,直奉军与皖系军队在北京附近激战,段祺瑞大败,被迫宣布辞职,直奉军进驻北京,直奉军阀共同控制北京政府。

这年 7 月,由上海商界巨子虞洽卿、闻兰亭等发起,中国第一家华商证券交易所——上海证券物品交易所开业。

12 月,刚刚从北京旱灾和直皖争战的阴影里解脱出来的中国又遭遇了海原大地震。12 月 16 日,上海突然地面震颤,北到京津、南到香港,皆有震感,而地震的始发地是千里之外的宁夏海原,震级高达 8.5 级。由于宁夏地处偏僻,交通原本不便,地震造成道路阻隔情况更加严重,城中房屋尽数倒塌损毁,地震中心地区无一人幸存,举国哀悼……

转过年关,4 月,在广州召开的国会推举孙中山为非常大总统。孙中山就任后,再度扛起护法大旗,中国再次形成南北政府对峙的局面。

7 月,中国共产党第一次全国代表大会在上海召开,毛泽东、董必武等 13 名代表参加,宣告中国共产党成立。

上海证券物品交易所的成立,吸引了大量社会游资,开业后利润可观,于是大大小小的交易所及信托公司应运而生,最壮观时形成了 100 多家交易所和十几家信托公司的规模。

就在投机风潮日渐高涨的同时,危机也开始悄然潜伏。这年入夏时节,上海银根突然紧缩,股票价格普遍暴跌,酿成著名的"民十信交风潮"。到 1922 年初,大批交易所先后倒闭,只剩下区区几家大交易所了。

1922 年的 2 月 4 日,参加华盛顿会议的中日两国签订了《解决山东悬案条约》,条约规定日本将胶州德国旧租借地交还中国,日军撤出山东,胶济铁路由中国赎回。两天后,参加华盛顿会议的九国签订了《九国公约》,公约宣称:"尊重中国之主权与独立及领土与行政之完整",规定任何一国"不得因中国状况,乘机营谋划特别私利",提出列国在华实行"门户开放,机会均等"的原则,将日本独占中国状态,变为帝国主义列强共同支配、宰割中国的局面。

面对这样的国际形势,中国政局仍然南北对峙,虽然南北政府之间再没发生正面的激烈交锋,但北京政府和广州政府各自内战不断。直奉两系军阀因争夺北京政府的控制权,矛盾日益扩大。4月,张作霖率奉军向直军发起进攻,直奉战争爆发……

4月,正是吕碧城回国期间,满怀期望的她,看到的却是久经磨难的中国大地仍然弥漫着战火硝烟,在天灾人祸中艰难地喘息……

吕碧城为伤痕累累的祖国深深忧虑。

这些年,她看过太多的革命运动和战争风潮,她已年近不惑,早已不是热血沸腾的青年,虽有一片衷情忧国忧民,但她已无意加入革命队伍。

她深知,她如这茫茫俗世的一粒尘埃,人微言轻力弱。她无力改变动荡的时局,无法停止内战、救中国于内忧外患。与其做无谓的牺牲,不如尽心做好自己分内的事,以为国为民尽绵薄之力。

于是,吕碧城开始致力于著译,把国外的优秀文学作品译为中文版本,或者写诗作文聊以自娱。

　　吕碧城深居简出,交往的人也多限于旧时圈子里的朋友。她对股票极为偏好,在十里洋场与海外巨商进行角逐,每每获利巨丰。时不多久,她就又成为上海滩显赫一时的富豪。

　　经济独立的吕碧城依然热心公益,时有扶贫济困之举。

　　她以她独特的方式,在这乱世红尘中过着闹市半隐居的生活。她不再自哀自叹,不再迷惘痛苦,她平静而从容地做她想做的事,年龄的增长,阅历的增多,使她心境恬淡平和,她依然养着那只叫杏儿的小狗,另外还养了两只鸟,再侍弄些花草……

　　日子就这么宠辱不惊地过着。转眼间,她归国已将近一年。

　　这段时间里,直奉战争打打停停,吴佩孚率领的直军终于击败张作霖率领的奉军,6月,奉军全部撤出关外,宣布东三省"自治",直系军阀完全控制了北京政府。

　　北方的战事暂告段落,广州政府内部的战争继发。陈炯明于6月16日凌晨发动政变,派兵包围了孙中山的总统府。孙中山逃到永丰舰,与叛军鏖战50多天后,乘船到上海,于10月重整旗鼓,组织讨贼军,将陈炯明从广州赶到惠州。随后,9月,位于江西萍乡县的安源路矿工人举行罢工,罢工坚持3天后取得胜利……

　　看到国家内乱不断,各种思潮泛滥的局面,吕碧城几近避世而居。她更勤奋地翻译编著,更频繁地角逐股票,偶有闲余,她就画画、会友,尽可能把生活安排得满满的。

　　在忙碌的时候,人会减少思虑,不去深想细究,烦恼就少。

　　为了避免触景生情,她把家搬到了同孚路。搬家后,她尽量多做、少思、少看、少管，她这般自我调节，在旁人看来，她活得自在而充实，可只有她自己知道，她的内心是多么无奈。

1923年1月，吕碧城在哥伦比亚大学的学姐康同璧带着子女到上海看望父亲康有为，吕碧城听到消息，前去愚园路三十四号"游存庐"与康同璧小聚。

康同璧是康有为的女儿，她见多识广，才学过人，曾因父亲康有为病卧槟榔屿而只身赴南洋伺候，父亲病愈，她陪父亲康有为寻访佛迹，探幽历险，曾自称为"第一个到过唐僧西天取经之地的中国女性"。1906年自哥伦比亚大学学习归国后，她与心系国家兴亡的父亲康有为一起，致力于宣传革新，从而成为有名的社会活动家。康同璧还曾替父亲康有为远赴欧美演说国事。后来，康同璧嫁给了康有为的学生罗昌。

康同璧与吕碧城一见如故，倾心相诉。

康同璧从年迈的父亲康有为说到已故的母亲，又从丈夫罗昌说到自己，言语间颇多感慨忧伤。这几年，她随丈夫罗昌四处辗转，身心俱疲、才智难发。如今儿子荣邦去英国留学，丈夫罗昌调往加拿大温哥华任领事，为了照顾鳏寡孤独的父亲，她只得带着女儿仪凤回国暂住，面对内乱不断、前途堪忧的国家和聚少离多的家庭，她倍觉苦闷烦恼。

康同璧还告诉吕碧城，她父亲康有为到了风烛残年，心情抑郁，不喜喧哗，决意迁居青岛汇泉湾畔，她也即将随父亲离开上海。

听完康同璧的诉说，吕碧城的心里沉甸甸的。回到家，回想康同璧说过的话和她憔悴疲惫的神情，联想自己这些年的心路历程，深感在这乱世中想要谋得平静、安宁与幸福，是何等不容易的事。

想起那些在哥伦比亚求学的日子宁静祥和、积极而进取，吕碧城不由感慨万分、夜不成寐……

她把所有的感慨倾注在那一阕《汨罗怨》中：

翠拱屏峰，红逦宫墙，犹见旧时天府。伤心麦秀，过眼沧桑，消得客车延伫。认斜阳，门巷乌衣，匆匆几番来去？输与寒鸦，占取垂杨终古。

闲话南朝往事，谁钟清游，采香残步，汉宫传蜡，秦镜莹星，一例秾华无据？但江城零乱歌弦，哀人黄陵风雨。还怕说，花落新亭，鹧鸪啼古。

然而，无论像吕碧城一样的人怎样向往和平与安宁，中国的内战依然此起彼伏。

2月1日，京汉铁路沿线的16个工会组织在郑州举行京汉铁路总工会成立大会，因遭到吴佩孚指使的军警的打击破坏，于2月4日举行总罢工。

3万多铁路工人大罢工，导致长达1200多公里的京汉铁路瘫痪。吴佩孚软硬兼施，工人拒不复工，吴佩孚恼羞成怒，于2月7日指派军警包围总工会，向工人纠察队开枪，打死32名工人，打伤200余人,这就是震惊全国的二七惨案。

每天,人们都能看到各大报纸的头版头条报道各地大大小小的工人罢工运动。罢工、抗议、镇压、反抗、斗争……无休无止,国人自相残践,国力越发衰弱。而工人阶级的鲜血染红了中国大地,唤醒了那些思想保守、迂腐的国人,使他们认清了帝国主义和封建军阀的丑恶和凶残嘴脸,更多的人开始投入到运动和战争中。

这月底,孙中山再次回到广州,建立革命政府,任陆海军大元帅。而北京政府的直系军阀曹锟想当大总统,到处花钱买选票,以一张选票5000元的价格收买议员。即便他的所作所为被揭露,受民众耻笑,他却仍然厚颜无耻、乐此不疲。

与此同时,思想文化领域也展开了"科玄论战"。以张君劢为代表的保守派在清华大学做了主题为"人生观"的演讲,认为"科学无论如何发达,而人生观问题之解决,决非科学所能为力";而进步派意见相反,认为发展国家应停止内乱,致力于发展科学。

这场论战使中国思想界的著名人物兵分两派,双方争执不下,唇枪舌剑,吵个没完没了……

上海的十里洋场,因可以给人暂时的逃避与麻醉,越发车水马龙、人流如潮。西方的华尔兹、探戈、伦巴等交际舞越发盛行,营业性舞场终日舞曲喧腾,以伴舞为职业的舞女也应运而生……

这一切,都让人感到混乱、喧嚣和无奈。生于这样纷乱的时代,人们难得安宁。

吕碧城回国之初的平静心境再次被打破了，她清楚地知道，在中国文争武斗、内战不断的同时，美国和日本等国家正在加快科技兴国的步伐。一边，外国列强加快发展，对中国虎视眈眈；一边，祖国因内乱不断消耗国力，而统治者似乎对外患视而不见，只顾得残杀同胞、争权夺利，毫不注重国民生计、安邦兴国……

比起天灾，人祸持续的时间更漫长，杀伤力更可怕，它使国人人心分散，互相防范，自相残杀，而这样的人间惨剧一直在持续……

1923 年底，靠花钱买选票的曹锟顺利当选大总统，与吴佩孚狼狈为奸，大肆镇压反贿选人士和各地罢工工人。

1924 年 9 月，直系军阀江苏督军齐燮元率 8 万军队与皖系军阀浙江督军卢永祥率领的 9 万人马展开厮杀，引发江浙战争。江浙战争以卢军惨败告终。江浙战争后不久，奉系军阀张作霖乘机以 17 万兵马入关，与吴佩孚率领的 25 万兵马开战，时任直军第三军总司令的冯玉祥临阵倒戈，趁后方空虚，率军打回北京，推翻曹锟贿选政府，发动"北京政变"，致使吴佩孚的直军腹背受敌，几乎全军覆没。而后，冯玉祥与张作霖联手，共同推举段祺瑞重新出山，把末代皇帝溥仪赶出故宫，永远废除皇帝的专号。

1925 年 3 月 12 日，孙中山因肝癌医治无效而病逝。

一代伟人溘然长逝，并没有让国内战乱就此停歇，到处兵荒马乱、匪患横行、民不聊生。

5 月，先是发生了"民国第一劫案"，在临城中外旅客 300 余人遭孙美瑶为首的土匪绑架，震惊朝野；而后时隔不久，因日商向要求上工的工人开枪射击，导致上海各界群众集会以示抗议，英国捕头突然下令向手无寸铁的群众开枪，瞬间，南京路上血流成河，13 名中国同胞牺牲，重伤数十人，五卅惨案发生。

五卅惨案后，全上海工人罢工、学生罢课、商人罢市。而各国急调大批军舰来沪，继续大肆屠杀上海民众……

每天，都听到、看到这样那样的运动、战争，吕碧城深深为国家的命运担忧，她无法置身事外，再次陷入无边的痛苦和迷惘中，她多么希望结束内战，自相残杀、互相诋毁的国人能团结一心，把时间和精力用于共同进取、富国强兵、一致对外上。可是，事与愿违，她只能眼睁睁地看着大大小小的战事愈演愈烈。

内乱难平，国无宁日，必将招致外患，英国捕头的枪声还有回响，其他外国列强贪婪残忍的枪口也已不约而同地对准了中国……

漫游列国

1926 年初,张作霖与直系军阀吴佩孚联合起来,向冯玉祥发起进攻。山东张宗昌、山西阎锡山也配合吴佩孚反对冯玉祥,使冯玉祥四面受敌,节节败退,由北京撤到南口,退去西北。直系、奉系军阀再次夺取北京政权。

与此同时,日本军舰驶进大沽口,炮击冯玉祥的国民军,国民军被迫反击。日本等国遂借口维护《辛丑条约》,向北京段祺瑞执政者发出"最后通牒",提出让中国撤除津沽防务等无理要求。

北京各团体和学生集会天安门,反对日本帝国主义的侵略行为,并前往铁狮子胡同向政府请愿,却遭到段祺瑞政府军的暴力打杀,马刀、铁棍、机关枪,这些武器没有对准侵略国土的日本人,反而对着手无寸铁的同胞大肆施虐,当场打死群众 47 人,打伤 200 多人,酿成三一八惨案。

三一八惨案激起正义民众的愤怒,鲁迅写下著名的杂文《记念刘和珍君》,称这是"民国以来最黑暗的一天",揭露段祺瑞政府"屠杀者也决不是胜利者"。

吕碧城看到关于这些事件的新闻报道,只觉得义愤填膺,那些因爱国而惨死在自己政府枪口下的学生,他们的在天之灵怕也无法安息。段祺瑞政府欺软怕硬,对可恨的日本侵略者节节退让,对同胞却阴狠毒辣。日月昭昭,天理不容!

可是,纵使她满腔愤慨,又能改变什么?

北京政府忙着镇压、屠杀爱国民众;广州政府忙着召开第二次全国代表大会,会议通过了《弹劾西山会议决议案》,提升了蒋介石的地位,使其成为中央执行委员会常委。还是在3月,蒋介石先后策动中山舰事件和整理党务案,并取代汪精卫成为国民党军事委员会主席,进一步掌握国民党军政大权。6月5日,国民政府任命蒋介石为国民革命军总司令,统率陆、海、空各军。7月6日,蒋介石又被选为中央常务委员会主席。

紧接着,广州国民政府发布《北伐宣言》。7月9日,革命军誓师,即将席卷大半个中国的北伐战争正式开始……

内战不但没有消减的迹象,反而节节升级,越打越乱,越乱越打。

文化思想领域的争战也不曾停止,最轰动一时的是上海美术专科学校校长刘海粟"模特儿事件"。因为美专启用裸体模特上人体写

生课,激起了一群封建卫道士的不满。上海县知事发布严禁美专裸体课的命令,引起刘海粟和各美术团体的反驳:

> 以美术学校学理参考之人体模特,视为海淫,无异以医学学校之人体解剖视为盗尸,比拟不伦,贻笑中外。

而反对派也理直气壮地指责刘海粟:

> ……马路上维妓逐客尚在昏夜,先生顾以金钱势力,役迫于生机之妇女白昼献形,寸丝不挂,任人摩写,是欲令世界上女子入于无盖耻之境也,而禽兽之不若矣。

这件事闹得沸沸扬扬,五省联军司令孙传芳甚至发出了通缉刘海粟的密令,并下令封闭上海美专。

身在上海的吕碧城啼笑皆非,美专启用人体模特上人体课,在哥伦比亚大学是再正常不过的事。通过对专业模特的写生,可以让学生们全面掌握人体各部分比例、肌肉和骨骼的形态结构等,能培养扎实的基本功,为继续深造打下良好基础。这本来是无可厚非的一件事,在国内竟然也会引来这么多非议,甚至闹到通缉、封闭学校的份儿上,吕碧城为国人感到悲哀。

在这样的形势下,吕碧城心烦意乱、寝食难安,连与朋友小聚、游山玩水的兴致也没有了。时局越发动荡,从政治到文化思想,没有地方容她有丝毫安宁。

上海早已成为政治、文化斗争的中心，几乎每天都在发生打杀事件。政府执法不公、为富不仁，偏袒富贵、苛待百姓，到处黑白颠倒、暗无天日，令人身心倦累。

吕碧城决定再度出国。

就在吕碧城筹备出国诸事时，传来了英敛之逝世的消息。

去年初，英敛之创办了"公教大学"，担任校长，宣传天主教教理，还曾写信给她，想说服她一起信仰天主教。不想，时隔一年，年仅 59 岁的他竟然驾鹤西归。英敛之的离世，令吕碧城倍觉感伤。

光阴诚过隙之白驹，无法延住；而生命之脆薄，又诚泡影之不可把玩也。静焉思之，不能无惊旦……山中读书作字之外，万事尽付悠悠，所惓不能去怀者，唯故人参证之一大事……

英敛之曾在信中对她说过的话，她还记忆犹新，那些信笺上，字迹仍然清晰明了，可说这些话、写这些字的人却不在了……

伤逝，是人生最残忍的命题，却总是屡屡袭击她敏感、脆弱的心灵。亲人、故友一一离世，她在这世上，变得越来越孤单。那些青葱而蓬勃的年华，载着那些许的进取与喜乐，都似梦境里飘忽的片断，被岁月蒙尘，再也捕捉不到，却让人无法释怀……

吕碧城前往北京悼念英敛之，当走在昔日英敛之陪她一起漫步的香山静宜园,想及英敛之对她的知遇、劝勉之恩,睹物思人、触景伤情,说不出的心痛让她泪如雨下。

生命原是如此的脆弱和短暂,可人们在拥有它的时候,常常忽略它、践踏它,不自爱亦不互爱,必要等到生命戛然而止的时候,活着的人才有触目惊心的感悟。可惜的是,这感悟也会被人很快淡忘。所以,大多数活着的人仍然不懂珍惜所拥有的,总是本末倒置地去追求那些生命的负累。

生命,才是这世上最最珍贵的所在。

可放眼这尘世,多少人让自己活在阳光下,让自己真正得到快乐?太少。自以为聪明的人们,到底在忙些什么?

北方军阀肆其淫威,仍然大兴枭首之刑;而被杀的,大多是爱国志士和共产党人……

白天,常看到有人惨死街头;夜里,也常会听到学潮的呐喊声。每天的报纸都在对骂,各种思潮、各种理论、各种是非恩怨……

吕碧城再也不愿看到这些惨绝人寰的死伤,再也不愿听到这些杂乱无章的消息,她以最快的速度办理了出国手续。可令她万万没有想到的是,大姐惠如竟然突然在南京病故。

吕碧城听到这个噩耗,心被掏空了似地震惊,惊讶过后是彻骨的心痛,她急忙跑去南京为大姐治丧。

到了南京,令吕碧城更没想到的是,大姐尸骨未寒,家里人已经开始闹着分财产了。同胞兄弟为了财产而六亲不认,甚至大打出手,更有好事的族人在一旁煽风点火、强取豪夺。而她这般心急如焚地赶来，竟然也被误会是冲着瓜分姐姐的财产而招来冷言冷语。伤心的吕碧城愤恨难当，不由想起父亲当年病逝后的情景，亲朋也是这般人情薄冷，所作所为令人心寒。

最令吕碧城气愤的是，大姐重病时，二姐也住在南京，她是大姐身边唯一的亲人，竟然对大姐的病情守口如瓶。大姐死后，二姐不但不管丧葬事宜，还与其他几个亲属一起，为大姐财产的分配争执不下。想到大姐前时对自己的种种照料，吕碧城伤心欲绝，她忍气处理完大姐的后事，愤然回到上海。

到了上海，吕碧城几乎不敢让自己静下心来思考，太多的感伤和烦扰压得她透不过气来，她加紧办理出国手续。

就在吕碧城临行前，朋友告诉她，袁克文从天津回到了沪上。

袁克文……

自上次他在"新世界"唱《惨睹》至今，她和他已有八年未见，听说他花钱如流水，将他继承的十几万银元挥霍一空，不得不靠卖字、卖文为生。可即使这样，他仍然秉性不改，花天酒地，过着昼夜颠倒的日子。而且，听说他吸上了鸦片，体弱多病却不思收敛，整日吞云吐雾，无法自拔。

吕碧城听到这些传言，深为袁克文担忧，听说他在上海，就前去探望。

可是，袁克文却不肯见她，给她传话的门仆回来告诉她说："袁先生正在睡觉,谢谢你来看他。"

既然是在睡觉,又怎么会让人谢谢她?这般自相矛盾的说辞,让吕碧城一阵难过。她知道,袁克文再怎么放荡不羁,到底是爱面子的人,他不愿让她看到他落魄的样子。

吕碧城黯然神伤,默然离去,她懂得袁克文的自尊,生逢乱世,壮志难酬,其生长的家庭又屡遭变故,心高气傲的袁克文情何以堪?何况他过惯了放浪形骸的日子,也受惯了奉迎巴结,一朝失势,心理上巨大的反差让他难以自处。他不愿让她看到他的狼狈,而她,断不敢去接济他,那样,会将他最后的自尊伤透……

恍然中,那夜的白色雾霭隔着久远的时空氤氲四起,那个身着戏服的男子长身玉立,在聚光灯下光彩照人,他情真意切地唱着生世的悲凉,又在转身回眸间,将满怀爱意的目光投送过来……

往事纷至沓来,在吕碧城的眼前重叠往复。他站在父亲袁世凯身后,笑容可掬地看着她,帮她避过牢狱之灾;他和其他六名诗人被誉为"寒庐七子",在南海流水音结社,吟风咏月、风流俊雅;他邀她流连山水,谦和有礼,谈笑风生……

再也回不去了,谁也无法回头改写命运,存者且偷生,死者长已矣。上海,再没什么可眷恋的了,是她该离开的时候了。

吕碧城慢慢地走回家,收拾行囊,决然踏上出国之旅。临行前,她把 10 万巨金捐赠给中国红十字会,用自己诚挚的爱国之心为所有的爱国同胞祈福。

225

不许微云挣太空，万流澎湃拥蟾宫。

人天精契分明证，碧海青天又一逢。

正是1926年的中秋，吕碧城站在渡轮的甲板上，仰望苍穹那一轮圆月，心有所感，即兴抒怀……

漂洋过海数日，再次抵达旧金山，吕碧城同外国友人和华侨朋友相聚，并和他们一起在唐人街守岁过年。

过完年，吕碧城就起程前往纽约，途经洛杉矶，她游览了好莱坞。而后又分别去了亚利桑那州大峡谷、芝加哥等地。一路上，她不苟言笑，心事重重。

在她看来，美国的地理位置绝不像中国那样占尽天时地利，美国最繁华的城市也缺少中国北京、上海的灵气与人文素养，但美国能在战争中保全国土完整、保证国内稳定和平，在其他国家饱受战乱之苦的时候，集中国力，加快工业兴国的步伐，这对一个国家的发展而言无疑是明智的选择。如果中国能这样发展，一定会比美国更加富强……

应该说，每个国家对于自己的国民来说，都是立身之本。

国家富强旺盛，国民就有底气，出门在外受人敬重；国家混乱衰弱，国民生活困苦，出门在外就会处处受窘，遭到歧视羞辱。

吕碧城一面感受着西方文明的飞速发展，一面又不得不面对苦难的国人异常艰辛的生活状况，这样鲜明的对比和反差常常令她郁郁寡欢。

吕碧城把她看到的、想到的写为文字寄回国内，发表在上海《申报》或《时报》上，引领国人一起看世界。她在给友人的信中，丝毫不隐瞒自己的见解，她说：

> 当代政界诸公不解西语，不与外人交际，所以没有国际的感触、世界的眼光。只知道在家里关起门来与同胞互争雄长。他日出门一步，遇见外人才知道，我国的地位在世界上卑微到何等。感触有多深，诸公固然自己身受不到的，但是既有了钱，诸公的子孙必然读西文，出洋留学，必有与外人相处的时候。就是不出洋，世界交通，西力东渐，华洋的交涉逐日地繁密，也无可避免。诸公何不捐除私斗，共救国家，为后世子孙做人的地位呢。

可惜的是，这样的倡导并没有引起当局政府的重视。他们仍忙于争权夺利，甚至对敢于站出来反对战争、呼唤和平的爱国人士大肆杀戮。邵飘萍、林白水，这两位曾对袁世凯阴谋复辟帝制和卖国罪行进行揭露抨击的正义之士，因在报纸上批判指责奉系、直系军阀乱政乱国、倡导停战兴国而先后被杀害。

彼时，北伐战争正如火如荼，广州国民军先后歼灭了吴佩孚、孙传芳的主力，然后在不到 10 个月的时间内，先后攻占湖南、湖北、江西、福建和浙江等省。

远在大洋彼岸，吕碧城虽已置身战争之外，但对国家命运的担忧从未消减，她从国内友人的来信中了解到国内的种种情况，常于午夜梦回的时刻，忧伤地向着祖国的方向凝望。

那一轮皎洁的月亮，照着异国的土地，也俯视着祖国的苍生。她似听到千军万马的呐喊声、厮杀声，和着血与泪的挥洒声，隔着千山万水，回荡在寰宇之上。

本是同根生，相煎何太急？

明月高悬，清辉普照。吕碧城在心里呐喊着，希望这宁静祥和的月光能将和平的福音带给国人，还国人一个太平盛世……

1927年，吕碧城结束美国之旅，乘坐巨轮，跨越大西洋，远去法国，她还先后去到意大利的米兰、佛罗伦萨和罗马等地。

漫步在这些文艺古都之中，吕碧城每每为艺术大师们杰出的作品而驻足。她一路走，一路看，一路写。她描摹西方艺术，介绍西方文明，尽自己的力量向国人敞开一扇通往世界的门。

当然，对于西方文明，吕碧城并没有一味推崇，她对异国文明的评价客观而切实。她在《浪漫主义》一文中写道：

世风绮靡，礼教废弛，浪漫之习由来已渐……巴黎、纽约，金粉之薮，女子习染尤甚，自西徂东，普于圆舆，有沛然莫御之势。吾人于此应予以适分之裁制，不得推波助澜也……舍精取粗，则成下流……夫处世无常轨，原非人生之福，犹如起居无节而适以戕生，终局大抵不幸。

她认为学习国外的文明应该取其精华、弃其糟粕。而当友人来信提及国内不时有人倡议废除礼教，吕碧城则回复道：

夫礼教有随时世变迁以求完善之必要，而无废除之理由。世非草昧，人异蓁狉，无论任何国家种族之人，苟斥以无礼无教，未有不色然怒者，何吾黄帝子孙独异于世界民族而甘居化外也？

吕碧城在倡议有选择地学习西方文明的同时，也敏锐地看到了欧美功利主义的盛行。她认为相比而言，东方的儒教和佛教更具人文关怀，是真正的救济之道，所以吕碧城主张中国不应废除礼教，而是应当尽量扶持国学，弘扬东方文明。

为了更好地引领国人看世界，吕碧城把自己在国外的见闻写成《欧美漫游录》，先后在北京《顺天时报》和上海《半月》杂志上连载。她希望更多国人能着眼未来，为创建和平、文明的国家而进取。

妙笔生花

吴棉已把桃笙换，流光最惊羁旅。

转眼，两年过去了，吕碧城游兴不减，继续着她边走边看边写边思的人生。眼界的开阔，每每使她淡忘因国内战乱引发、堆积的愁郁，她用满含激情的文字记录沿途的风景和心情，让每一刻的感动成为永恒。

吕碧城痴心笔墨，勤写不辍。她的文字，伴着她的旅程，如一道流动的风景，一路载着异国他乡的风情，在国人的眼前徐徐铺陈。

当她在有"河畔珍珠"之称的瑞士小城蒙特勒小住时，她写下题为《芒特儒之风景》一文，令读者身临其境：

……晨兴纵览风景，全埠为光气笼罩，盖湖光山色益以朝霞积雪混合而成，色彩浓厚。吾国古诗"晓来江气连城白，雨后山光满郭青"之句，仅表青白二色，此则瑶峰环拱，皑皑一白中泛以姹紫。湖面舰碧，微腾宝气，氤氲漫天匝地，而楼影参差，花枝繁篸，可隐约见之……

湖滨多鱼，阡陌植桑，恍如浙之西湖，惟壮丽过之。近处古迹有锡兰堡，古为此城要塞，内储十五世纪各武器及军犯囚处，大诗家拜伦曾有专篇咏。

东部有可萨别墅，水木清华，黄昏时，茶座满列，弦管幽荡，为消夏用地，游人无论愿往与否，皆须购入览券，且逐日纳税，由所居旅馆征收，据云为维持教堂之用……

当她漫步于艺术之都佛罗伦萨，为那些精美绝伦的浮雕、色彩绚烂的绘画和栩栩如生的雕塑流连忘返时，她忍不住写下《花城》来赞美雕工画师的独具匠心：

……厂内聚各种天然彩石，先绘彩色人特花卉等为标本，然后剜石嵌成，仿佛吾国之景泰蓝，惟深浅凹凸、阴阳向背俨然如生，与照相无异。试观其背面，则针锋参错，聚千百碎片而成，盖必选配色泽使融合无论间，而不用人工之染；必天然物材之富，益以工艺之精，方克成之。可任意洗涤，色彩永无退化之虞。方制一王后巨像，明珠翠羽，流盼生姿，笔绘尚难，况成于嵌石乎！

来到罗马,她站在古罗马角斗场雄浑、空旷的建筑群中,倾听岁月的滚滚洪涛一路倾泻,将昔日奴隶们浴血奋战的呐喊声、厮杀声,沉寂、凝滞成建筑群上细小的裂纹,求生的意志、充血的眼眸、绝望的挣扎、淋漓的血泪……全都烙印在这钢筋铁骨般的建筑之中,给她带来灵魂深处的战栗。

她带着无比虔诚敬畏之心驻足于《普罗塞尔比娜被抢掠》和《坎皮托里诺母狼》两座雕像前,雕刻大师鬼斧神工般呈现着战争的残忍、人与野兽间的友爱,让她燃起对战争无比的愤恨、对人兽善恶美丑的思考。她的文字充满了对生命的忧患和对善良人性的呼唤:

……美女朴拉塞宾被掳之石像,一虬髯庞大之恶魔,攫女于臂,其筋骨暴露之手,着女体,使肉凹陷,愈形其柔泽。女惶恐挣扎,泪痕被颊,一强一弱,相形宛然,悉出于石工……

狼乳之说,闻者或訾为妄,或附会祯祥,谓帝王之贵,而得天佑,然皆非也。此类事,古今中外,叠见传记,盖出于兽类之慈善心,初无他异……乃整形人类反而肉食,无恻隐之心,能不愧于禽? 胡佛教戒杀,儒家"远疱厨"之说亦同此旨,惟不贯彻耳。人类侈谈美术、图画、雕刻,一切工艺,仅物质之美形,而上者厥为美德。

美物悦我耳目,美德涵养心性,尝谓世界进化,最终之点早美。美之广义为善,凡一切残暴欺诈,皆为丑恶,譬之盗贼其形,而锦绣其服，可为美乎？况以他类之痛苦流血，供己口腹之快，丑恶习极矣！

文章千古事，得失寸心知。吕碧城以她慧智的心和灵动的笔墨，记录着人类的智慧和艺术的崇伟，她赞叹、歌颂，她鞭挞、谴责，她思考、探寻，她是人生最虔诚的朝圣者，向着心中光明、和平和文明的圣殿执着前行……

一个月后，吕碧城从米兰乘车赶去意大利南部最大的城市那不勒斯，随导演小姐参观了庞贝古城。

庞贝古城，这座曾在公元79年毁于维苏威火山爆发的古城，经后人200年的发掘和重建，才得以从废墟中露出它的真容。

古老的城墙，交错有致的街巷，无不彰显着曾经的繁荣。闭上眼睛，似能听到贵族富商们在寻欢作乐、街道间车水马龙……而当自然灾害突如其来，人们面对大自然强悍的杀伤力时，所有的挣扎都是徒劳。

炽热的岩浆如奔涌的洪浪，从火山上呼啸而下，火山灰如从天而降的阴云，瞬间罩盖了整个城市，无论贫富贵贱，无论兴衰荣辱，统统埋葬，一派生机的城市顿时沦为人间地狱，在死神的淫威下一片死寂……

吕碧城在庞贝古城遗址间行走，如穿越时空，亲临了那一场繁华盛世，目睹了那一场天灾——到处一片火海，黑色的烟雾如张牙舞爪的怪兽,人们还没来得及从沉沉睡梦中清醒过来,就和这里所有的一切成为火山的祭品……

是不是昨天,还有人因鸡毛蒜皮的小事跟邻居大打出手?还有人因没买到一件称心如意的衣服而沮丧万分?还有人因生意赚了钱而欢天喜地?而那个新郎正拥着他深爱的新娘沉醉在洞房花烛的欢娱里?那个国王正拧紧眉头寻思整治乱党的计谋……一刻间,全都不足为道,全都变成了永远的过去,就像,他们从来没有在这世上活过一样,就像,他们的悲喜、荣辱,甚至生命根本毫无意义。

吕碧城的心在浮想中战栗,她在《古城》中描摹了那场灾难:

法庭、议厅、剧场……店肆之柜台,茶社之炉灶,多花岗石所制,贯以异水之钢管,悉缺裂剥落。野花丛生,萝蔓交曳;细虫小蝶,飞鸣其间。即当日履舄交错、酌酒征歌之场,陵谷变迁,人事代谢,于此得实证焉。巨室数家,堂构尤美。浴所建筑,形式奇奥。一圆形巨池,为五人同浴之用。池边环列半月式之石室五间,为浴后更衣之所。又一室有全休人骨六具,旁置铜匣,内储金币,因地震时欲携辎重逃避不及,遂相聚一室等毙焉。左近陈列馆即储废墟中所掘出之残烬,一切器皿,形式朴质,古色斑斓。人兽之僵化石多具列玻璃罩内,人则仰卧侧伏,辗转伸屈,各尽其态,已悉成石质,而骨髓断处见其组织,确为遗骸。一犬首尾扭搤,作痛苦死状,尤为入神……

其情其状，触目惊心。

吕碧城从地上拾起一枚碎石，那小小的石块，通体漆黑如墨，静静地卧在掌心，带着旷日持久的坚硬，轻轻硌着她，异样的触感一直抵达她的心灵——人是万物灵长，比这僵死的石块要灵慧千万倍，但在天灾降临的那一刻，人输给了它。当人们的肉体被毁灭，骨骸被摧毁，它却不动声色地躺在那里，无知无觉，不关痛痒，然后在隔了千百年之后，横陈于她的掌心……

是不是，拥有石头一样坚硬的心，就不会触景伤情，不会多愁善感，就能在人群中沉默而平和地活着，漠视战争，淡定生死？

大音希声，大象无形。很多时候，智者无言。

吕碧城长长地叹了口气，把它珍藏起来，留作纪念。

离开庞贝古城，吕碧城下一站是亚得里亚海边的水城威尼斯。这座水上都市，依水而生、临水而美、借水而兴。

这座城市到处都有画家、雕刻家的手笔，而它又永远那般宁静，没有车马的喧腾，静谧如罩着神秘面纱的倩女。船是这里唯一的交通工具，往返的小船，荡荡悠悠，不急不缓，长而宽的木桨，摇着从容、恬淡，从春到夏，从秋到冬……

最令人叹为观止的是圣马可广场东面的圣马可教堂，那般雄伟高大、富丽堂皇的宫殿，竟然依水而起，真无法想象当初人们是以何等的智慧、力量把它建造出来的。而在这如诗如画、美如梦幻的水上都市中，亦有不和谐的一笔，那就是总督宫后面的叹息桥和桥头旧时王宫的监狱。

即使环境再优美，凡是有人存在的地方，总免不了争斗与杀戮，这是欲望的罪。吕碧城在写威尼斯之旅的相关文章里提到：

> ……狱中狭隘黑暗，室小如笼，石壁铁椿为囚犯挚系之所。门洞极低，游者须偻身方得入内。予与众客以无罪之身一一钻入，自顾可笑，亦为囚者悲叹。据云，死刑之具乃钢针之圈逐渐缩紧，囚者之脑浆乃绞尽无余。然世间未必有此惨刑，京系齐东野语，故为奇说以耸听耳……

这世界，永远有人在逍遥自乐，有人在愁肠百结，有人奢华阔绰，有人穷困潦倒，有人春风得意，有人身陷囹圄……命运从来不按公平的原则出牌，贫富贵贱如人生来有高矮胖瘦之分，不比不伤，一比即累，于是聪明的人，只和自己比，只在自己的付出和收获间找公平，否则，得不偿失。

吕碧城在这座梦幻的水城小住数日，中间还参加了这里独具特色的化化装舞会。彼时，人们都戴着各种各样的面具，妖魔鬼怪、仙女王子、猴猪虎豹……不一而足，人们互不相识，即兴起舞，享受着人为的神秘氛围，寻找惊喜和刺激。

吕碧城也戴着面具，踏着欢快的舞步，在人群中旋转、前进、后退。在某一刻，她突然感到，这样的化装舞会，寓意真正的人世百态——善恶美丑什么人都有，大家都戴着自以为是的面具，在各自有限的空间里左右逢迎、辗转腾挪,为微不足道的得失或悲或喜,一起上演一场场闹剧……

吕碧城周游列国,踏遍万水千山,写尽世间荣辱。七年光阴,她的行踪遍及纽约、旧金山、巴黎、日内瓦、米兰、罗马、威尼斯、伦敦、维也纳、柏林……

长年在外旅居的吕碧城,在行走中感受着人类文明、历史的发展历程,在了解各地风土人情的同时,对战争也有了全面而深刻的认识。人类的战争从未停止,而引发战争的往往是政治家而不是军人。当部落之间、民族之间、国家之间、宗教之间发生统治集团利益冲突的时候,政治家们就遣使军人冲锋陷阵,通过暴力的镇压、掠夺达成他们的愿望,这使得人类文明的发展史从另一个角度说,就是人类战争的发展史。

然而,人们应该清醒地认识到,战争和文明并驾齐驱,战争使文明推陈出新,文明则会促使战争登峰造极——随着科技文明的高速发展,战争武器的杀伤力越来越强悍,人类将会把自己推向毁灭的边缘。

大大小小的战争烙印在世界各国的土地上,美轮美奂的自然风景、巧夺天工的人文艺术,都与战争有着千丝万缕的关联。吕碧城一路走来,感受着战争的两面性,思考着生与死的辩证哲学。这些渗透在她的文字里,使她的文章在写景状物的同时,有着可贵的人文关怀。

用战争求得和平,是统治者的一厢情愿、被统治者无可奈何的选择,它将使人类在文明的硕果前承受濒临灭绝的灾难;而用和平避免战争,才是人类明智的选择。

行走之间,吕碧城的心灵经受着痛苦的涅槃之旅。她深切地感受到,人类生存的空间正变得越来越逼仄,战争、天灾、疾病、环境恶化、自然衰老……以"生"为中心辐射出的死亡之路四通八达,人类陷入包围圈中,唯有超越名利、贵贱、生死,拥有至高的精神力量,懂得团结、互爱、珍惜与感恩,保护生态,杜绝战乱,才能实现自我救赎。

可惜,这是不可能的。因为不是所有人都能清醒地认识到这种危机,不是所有人都愿意为子孙后代谋福,利欲熏心的人总会为蝇头小利而挑起争端,而战争不断,人类终会走向自我灭亡。

吕碧城无法改变别人,但她可以改变自己,让自己的灵魂安宁、净化。她在病重就医期间,一度以为自己将不久于人世,遂把自己的旅途中所写书稿寄回国内,托付给友人费树蔚。她的信充满了对身世的感伤和对祖国的思念,寄希望于国民教化之功,盼祖国早日结束战争,争取和平、独立、富强:

……余幼而畸零,壮年牢落,经行往复,形影罡孤。縈有微吟,只堪独笑……近年胃疾久淹,将付剖割,脱有不幸,则身后之事,宜略经纪,丛残著作,付托为先……冀革新民意,开阔心胸,早畀战乱,建富强独立之国家……

吕碧城的爱国之情由此可见。然上苍亦有好生之德,手术后,经过黑暗中的漫长昏睡,她再次睁开明亮的双眸,得以续写她传奇的人生……

赎度护生结善缘

琼楼秋思入高寒，看尽苍冥意已阑；
棋罢忘言谁胜负，梦余无迹认悲欢。

金轮转劫知难尽，碧海量愁未觉宽；
欲拟骚词赋天问，万灵凄侧绕吟坛。

八章　赎度护生结善缘

护生戒杀

在吕碧城周游列国的几年里,国内的战争从未停止。1927 年 4 月 12 日,蒋介石等在上海发动政变,工人纠察队的武装被解除,仅 3 天时间,就有 300 多人被杀害,500 多人被捕,5000 多人流亡失踪。

随后,大大小小的起义、战争此起彼伏。南昌起义、秋收起义、广州起义、第二次北伐,到了 1928 年,张作霖被日本谋杀,而后东北易帜,接着,蒋桂战争和粤桂战争、蒋冯之争轮番发动,国人死伤不计其数。

国内政治复杂纷纭,国际政局也是风云突变。

1927 年 7 月,先是日本军国主义召开了由陆军大将田中义主持的"东方会议",制定了意欲侵略中国的《对华政策纲要》,日本开始积极为侵华作准备并伺机而动;而后 12 月,国民政府发布对苏联断绝邦交令,中国彻底与苏联绝交……

到了1929年,内忧外患未解,华北、陕北再次久旱成灾。

美国《西行漫记》的记者斯诺先生对灾情进行了报道:

我看到成千的儿童由于饥饿而奄奄等毙,这场饥荒最后夺去了500多万人的生命。那是我一生中觉醒的转折点。我后来经历了许多战争、贫穷、暴力和革命,但这一直是最使我震惊的经历,直到15年后我看到纳粹的焚尸炉和毒气室为止……

上海的《申报》报道了河南灵宝的灾情:

灵宝兵匪之患,已如斯其巨,乃天不厌祸。去年秋夏,复以亢旱歉收,民众得以支持至年终者,不过仅赖平粜或典质耳。迨至今春,旱魃仍复肆虐,颗粒未得,变卖无在。嗷嗷灾黎,初则食棉树之干花,复棉子所压之饼,继则食麦尖谷草荟,甚有以软石细土充肠者;延至春夏之交,迫不得已,纷纷扶老携幼,逃往东省。

朋友在信中描述:"久旱至地无余湿、屋鲜尽藏,赤地千里,万井无烟";"殷实之家,举室啼叽,中下各户,延颈待毙"……灾民得病后"虽至亲如父子兄弟夫妇,亦惟坐视其死,仰天号泣而已"、"饥荒使买卖妇女儿童几乎成为合法的经营,而妇女之价甚至不及斗米三分之一,更有食人惨剧,愈演愈烈"……

看到这些，吕碧城为惨死的同胞痛哭失声。她想不明白，为什么中国那么大，发生在华北、陕北一定范围内的天灾会造成这么多人伤亡？国民政府宁可把钱用于武装战斗，也不愿救助灾区的百姓，天理何在？

痛心之余，吕碧城写下一首《高阳台》，表达她无尽的哀伤和忧愤之情：

啼乌惊魂，飞花溅泪，山河愁锁春深。倦旅天涯，依然憔悴行吟。几番海燕传书到，道烽烟、故国冥冥。忍消他、绿醑金卮，红萼瑶簪。

牙旗玉帐风光好，奈万家春闺，妻入荒砧。血溅平芜，可堪废垒重寻。生怜野火延烧处，遍江南、草尽给心。更休谈、虫化沙场，鹤返辽阴。

字字揪心，声声血泪。

海外游子，有家难归，吕碧城只能借异国山水美景和人文艺术来慰藉思乡之情，却每每因触景生情而难过。她对纷繁的乱世日益心生厌倦，可这茫茫尘世，到处都笼罩着战争的阴影，到处都发生着天灾人祸，难有一块净土，让她心神安宁。

行走之间，似每一寸土地都被战争的硝烟弥漫过，都曾掩埋过枯骨幽魂。杀戮无处不在，过去的、进行中的，一眼望过去，人类前进的路上，沿途血迹斑斑，胜利者唱着凯歌，失败者尸横遍野……

吕碧城心怀美好愿望,却要面临残酷的现实,忍受理想破灭的惨痛。唯一解脱的方法,似乎便是没有爱恨,四大皆空。可是那样的人,活着又有什么意义?那么多出家人,看破红尘,独守青灯,跟消极避世的弱者有什么区别?

吕碧城不知何去何从……

带着迷惘和痛苦,她走进了瑞士阿尔卑斯雪山。

在喧嚣的世界上,竟然还有这样一片神奇的山域!

清一色的白,纯白,银装素裹,纯洁无瑕!天空,也蓝得那么迷人,纯粹得像一块偌大的蓝宝石。明媚的阳光点缀着,普洒辉光,把皑皑雪山变成浓淡相宜的风景画……

吕碧城长久地愕然杵立,这片纯美到惊世骇俗的雪山,是如此摄人心魄。瞬间,所有的迷惘、烦恼和痛苦都一股脑地冲出体外,融化在这片冰雪世界之中。而后,她感到了宁静。

前所未有的宁静……

风从指尖轻柔地拂过,雪山如须发皆白的慈善长者,平静而疼爱地俯视着她,她站在原地,举目四望间,竟不忍轻挪碎步,她怕脚下的雪会疼。

"夕阳尽处望清闲,想见千岩细菊斑。人得交游是风月,天开图画即江山。"吕碧城情不自禁地吟诵起黄庭坚的诗句。同时,她亦才思翻涌、即兴成诗:

混沌乍起，风雷暗坼，横插天柱。

骇翠排空窥碧海，直与狂澜争怒。

光闪阴阳，云为潮汐，自成朝暮。

认游踪、只许飞车到，便红丝远系，飙轮难驻。

一角狐分，花明玉井，冰莲初吐。

延伫。

拂藓镌岩，调宫按羽，问华夏，衡今古。

十万年来空谷里，可有粉妆题赋？

写蛮笺，传心契，惟吾与汝。

省识浮生弹指，此日青峰，前番白雪，他时黄土。

且证世外因缘，山灵感遇。

这首《破阵乐》随后名噪一时，为诸多诗坛才子竞仿抒写。吕碧城为这片雪山而震撼、痴迷，她决定在这里住下。

山中岁月，海上心情。

吕碧城每周登山小游，借这世间少有的仙尘净地平复繁杂的心绪。山居数日，先前的沉闷总算消散了些。

席柏尔德女士是吕碧城山居时间里结识的朋友。这天，席柏尔德女士邀请吕碧城一起在半山腰的小亭内用餐，吕碧城欣然前往。席间，有一只小蚂蚁爬到了桌布上，东张西望之后，它跑向桌布上的一颗饭粒，左嗅嗅右闻闻之后，它围着饭粒转了两圈，似对发现食物十分欣喜，就在这时，席柏尔德女士看到了蚂蚁，立刻伸手要捏死它。吕碧城心里一紧，慌忙加以制止。

蚂蚁再小，也是生命，它为求得一点食物而劳碌奔波，又有什么错呢？

席柏尔德女士放过了蚂蚁，并与吕碧城谈起了与杀生有关的宗教信仰话题。席柏尔德女士信奉基督教，她对吕碧城所说的佛教戒杀很感兴趣，但也很不以为然。

餐后，吕碧城回到住处，回想两人的谈话，心有所感，便写下了《与西方女士谈话感想》：

耶教主博爱而不戒杀，殊为缺憾，甚至变本加厉，因护教而有十字军二百年之惨杀，数百万生命之死亡，且被帝国广义利用为侵略之具。假使当时行于欧洲者为佛教而非耶教，则奇祸可免。一言丧邦，况宗教挟洪水滔天之势力。立言不可不慎乎？世变亟矣，惟佛教可以弭兵于人心，立和平之根本，否则国际联盟非战条约皆狙公赋芋，诡谲外交，殊甚少实效也。人事繁剧，理论纷呶，然千端万绪皆以文明为目标，慎真文明而后有真安乐。

由蚂蚁的生死，引申到中西方信仰的对比。西方人信奉基督教却不戒杀，反而为争夺宗教的信仰权而大开杀戒；而中国的佛教宣扬众生平等，戒杀生，如果举国民众信奉佛法，就会天下太平。经过这场辩论，吕碧城找到了挽救自己与天下苍生的光明之路，遂生皈依佛法之心。

吕碧城对战争深恶痛绝。这世间如蝼蚁般平凡而庸碌的人们，都为更好地活着而兀兀穷年。他们，勤劳耕作、自食其力，辛辛苦苦建立自己的家园，可战争、灾祸一瞬间就将一切都给毁灭了……

生命何其可贵？对每一个人、每一种生灵，生命都是那般短暂而易逝，本该倍加珍惜。

就在吕碧城决定护生戒杀后不久，她从朋友那里看到英国的《泰晤士报》上，有皇家禁虐待动物协会的公开信，倡导人们善待动物，保护生态。

吕碧城读后，马上写信与国内的朋友讨论这件事，希望在国内的报纸上，也能作这样的倡导，并力邀国内各界友人联合创办"中国保护动物会"。

如果人们有保护动物、珍爱生命的意识，就会憎恨战争，更加珍惜自己与同胞的生命。所以，创立"中国保护动物会"看似是一件小事，却意义重大。

吕碧城的倡议很快得到国内各界有识之士的赞同，大家设定了会址，并与世界各国动物保护者联合起来，向世界各国发出珍爱生命的倡议。吕碧城为了言传身教，宣布断荤食素。

吕碧城创办"中国保护动物会"的行动，受到国际保护动物会的高度关注和支持。

1929 年 5 月，吕碧城前往维也纳，参加了国际保护动物会在奥地利举办的万国保护动物大会。会上，吕碧城身穿拼金衣裙，头戴珍珠抹额，用流利的英语畅言文稿《在维也纳之演讲》，声情并茂，感人至深：

> 同此血肉，同此感觉，唯以形貌之异，遂摈诸道德矜怜之外，以彼之痛苦流血，餍我口腹之快。利用之私，悍不动心，恬不觉耻，此岂以文明进化自诩之人类所应有之态度耶？使此秽德腥政，与天地相悠久，则吾宁愿此瑰丽之地球及早陆沉，以涤巨玷，四大皆空，万有寂灭之为愈也。英国禁止虐待牲畜会，有百年之运动，始微著成效。吾人欲谋范围较广之组织，应予为千年之运动。吾生有涯，世变无极，唯以继续之生命，争此最后之文明。庄严净土，未必不现于人间。虽目睹无期，而精神不死，一息尚存，此志固替。吾言息壤，天日鉴之。凡我同志，盍速兴起……

吕碧城的演讲赢得了各国代表的赞同，她将携带的中国戒杀、学佛等书，当场奉赠给与会友人，广布护生戒杀的理念，令许多人感动不已。

吕碧城此行得到国内外诸多媒体关注，维也纳《泰格报》和英国的《蔬食月刊》分别赞赏道：

> ……会中最有兴味，耸人视听之事，为中国吕女士之现身讲台，其所着之中国绣服鹑皇矜丽，尤为群众目光集注之点……

一个著名的中国诗人，一个知识广博的人道主义者，一个典型的素食者……

这诸多赞誉，吕碧城并不在意，已步入不惑之年的她，早已看淡荣辱，她只做自己想做的事，想做便尽心尽力。她只希望这些参与会议的人，能真正身体力行，坚持护生戒杀。

然而，会后聚餐时，吕碧城却看到很多人围着餐桌大快朵颐，肉虾鱼鳖，吃得无所顾忌。

吕碧城黯然回到寓所，无比的沮丧袭上心头。这世间，能真正珍爱生命的人太少，大多数人只在意及时行乐，只求满足一己私利，绝不肯设身处地为他人着想，指望这样的人护生戒杀，无异于痴人说梦。

惆怅满怀，吕碧城提笔写下了《还京乐》，以寄托此时此刻哀婉的心绪：

殢春睡，听引、圆腔欸楚哀丝颤。话上京遗事，周郎顾误，龟年歌倦。又夜来风雨，无端撩起梨花怨。萦万感，残梦碎影，承平犹见。

风槽檀板，问人间何世？依然粉醉金迷，华席未散。而今更不成欢，对金樽、怯试深浅。指蟾宫、早桂影都移，霓裳暗换。渺断魂何许，青峰江上人远。

　　时光匆促，一切都会成为过去，周郎顾、龟年歌，再多繁华盛事，终会消歇倦怠，只剩下无尽的萧瑟。一如风雨来袭，梨花谢落，那曾经艳耀枝头的时光都已化为陈年旧事，只剩下这般残梦碎影，令人倍觉感伤。而这一切的凄凉，又很快被世人抛在脑后，依然纸醉金迷、虚掷光阴，在浮华的生活中得过且过……

　　远离这些吧，眼不见心不烦，如月中天独明天地，如青山耸云独树峰巅，既然现实与梦想之间，总是隔着千山万水，而她却向往孤舟独上，拥有清境净尘，唯有——皈依佛门。

　　祈愿我佛慈悲，赐世人以无量恩泽……

皈依佛门

佛说："笑着面对，不去埋怨。悠然、随心、随性、随缘。注定让一生改变的，只在百年后，那一朵花开的时间。"

……

佛说："众生以十事为善，亦以十事为恶。何等为十？身三，口四，意三。身三者，杀、盗、淫；口四者，两舌、恶口、妄言、绮语；意三者，嫉、恚、痴。"

……

那一天，原本没有什么特别。冬日难得的艳阳天，吕碧城和好友孙夫人漫步街头，穿着厚重冬衣的人们，脚步匆促地从她们身边走过，把洁白的雪踩踏得一片狼藉。

走着走着,孙夫人突然弯下身去,从凌乱而污浊的积雪中捡起一张纸来。吕碧城凑近看,上面竟然用中文印着一些佛语,还有一张法师的小像。孙夫人看过,不屑一顾地丢下,说:"现在谁还信这些?"

"我信。"吕碧城看着飘落在雪地上的那张传单,郑重地弯腰捡起,折起珍藏。

此后每天,她都拿出那张传单来看看上面的佛语,只觉句句都是真知灼见,读来明心悟性……

吕碧城对佛学的兴趣日渐浓厚。1930年,她在瑞士日内瓦正式皈依三宝,法名"宝莲"。

高庙明堂,梵音缭绕,慈眉善目的观音像俯视苍生,以超脱的佛理点化苦难中的世人。

吕碧城平寂心中所有的喧嚣,虔诚伏拜,自此净手焚香,清心修佛……

天地间,冥冥之中,真有神秘的主宰者吗?

他如构思奇巧的作家,安排着世间苍生的形体、性情乃至命运,荣辱兴衰、悲欢离合,都按照他的预料循序渐进,所有的一切都不过是他预先的设定。日月星辰、江河湖海,这是人类活动的背景;秋收冬藏、生老病死,这是人类生存的规律……

人类,在与自然的战争中获胜,终将在自相残杀中走向毁灭。难道,这就是神秘主宰者要的结局?注定以悲剧收场?明心见性的佛学真的可以解救苍生于水火,将人类从自我毁灭的歧路上引入和平相处、共同繁荣的正途?

希望比绝望好。

老子曾说:"人之大患为吾有身。及吾无身,何患之有?"意为:人最大的痛苦在于太看重自己,若修养达到超凡脱俗的境界,看淡得失、生死,又有什么可痛苦的呢?可是,若在世为人,连自己的得失和生死都已看淡,那这浮生一世,所为何来?人生的种种,又有什么意义?

或者,生死本来就是没有什么分别。生者,终将死,死者,无知无觉,即使生过,也不过是过烟云眼。所以生死,原本也毫无意义。

奋发图强与坐吃等死,不过是殊途同归。

这样想,会让人消极,甚至绝望,而佛学不作此解,佛学教化万民,主张惜时、有为、仁爱、慈悲、戒杀、忍性、修行……推己及人行善积德,身求趋吉避凶,性求不生不灭,以求肉体与灵魂的双重解脱。

生我肉躯者父母,活我慧命者佛陀,心中有佛,众生平等,随心随缘,不强求、不抱怨、不恐惧……吕碧城忧国忧民的痛苦,因佛语的点化而舒解,心中有了信仰,如同在黑暗中找到光明。她全身心地投入对佛学的钻研,渐入佳境,悟得颇深。

后来,她分别在《莲邦之路》和《予之宗教观》中记叙了在异国拾到中文佛学传单这件事和她对佛学的感悟:

遇佛法于海外,已属难事,况此种华文刊品,何得流入英伦,迄今犹以为异。然倘不遇者,恐终身不皈大法,险哉!

自然天地之有文章，时令之有次序，动植物体之有组织，尽善尽美，孰主之者？是曰真宰……世人多斥神道为迷信，然不信者何尝不迷？何谓之"迷"？湮没理想是也，舍理想而专务实利，知物质而不知何以成为物质之理，致社会偏枯无情，世道日趋于衰乱，皆自称不迷信者武断愚顽之咎也。予习闻中西人言及神道，辄曰必有所征而后能信，此固当然之理，然可征信之处却在吾人日常接触之事物，不必求诸高渺圣经灵迹。种种诡异之说徒以炫惑庸流，唯自然物理方足启迪哲士。

她为皈依佛教感到庆幸，相信天地间确在冥冥之中有神秘的力量主宰一切；相信佛法无边，无形无相，善有善报，恶有恶报，有因有果，命由心修。

就在吕碧城在异国他乡的冬夜里，在袅袅佛香萦绕中，虔诚地聆听《大悲咒》，在"三千大千世界"里漫游时，袁克文正在大上海十里洋场的戏院里登台演唱……

海上生明月，天涯共此时。无关风月，无关相思，隔着千山万水，曾缘聚缘散的两个人，继续着各自的命运，带着那个时代特有的烙印，写出两段迥然不同、却又异曲同工的人生。

曲终人散，孤月当空。

戏罢卸装，袁克文伫立窗前，看深邃夜空中飞雪漫天飘洒，不由想及那夜，他专为她跑来上海，唱那曲《惨睹》……他见她入戏时盈泪的双眸,亦看她匆匆离去后脚步有些凌乱的背影,他记得那也是一个寒冷的冬夜,明明没有飞雪和寒风,还有细碎的星光和惨淡的月影,可那夜,却连绵着刺骨的冷,在他心里下了一场亘古未有的大雪,冰冻三尺,将他余生的爱与恨都冻僵了,只剩下他似没有了灵魂的躯壳,终日的,浸泡在花天酒地里,愈多放纵,愈多心慌,愈多心空……

那是他最后一次见她,一别,便是永别。甚至,他和她,就那般不告而别了,他都没勇气再站在她面前,与她心平气和地道一声"珍重"。

无须说了,说与不说,她都懂,她只是不想当面拒绝他,她的逃避,于他是惺惺相惜的成全,他亦懂她。所以,她回沪时要见他,他避而不见。

既然结局早已注定,再多眷恋,也不过是徒增感伤。

只是,每当这样的时候,孤身独影,于万籁俱寂间伫立天地之间,她的音容笑貌,都那么粲然鲜亮地浮现在他的脑际,他便在这样的失神里,一次次追溯光阴,回到他们论诗说词的花前月下,回到他们共有的花样年华……

随分衾裯,无端醒醉。银床曾是留人睡。枕函一晌滞余温,烟丝梦缕都成忆。

依旧房栊,乍寒情味。更谁肯替花憔悴。珠帘不卷画屏空,眼前疑有天花坠……

落笔成诗,恨无知音赏,凝思半晌,怅然长叹,袁克文望着乱花飞絮般的雪雾,落漠地闭上双眸,眼前的一切在黑暗里沦陷。

他听不到她在世界另一边的祈祷,亦听不到《大悲咒》轻灵的梵音……

1931年,袁克文在天津英年早逝,享年41岁。

听闻袁克文病逝的消息,她早已立志四大皆空的心,还是骤然痛缩……

那天,原本,吕碧城与往常一样,晨起净手焚香,虔心诵经,用她略带皖腔的天津话,缓缓吐露心愿:

弟子吕碧城,专心持念阿弥陀佛万德洪名,期生产净土。今于佛前,翘勤五体,披沥一心,投诚忏悔。从于今日:立深誓愿,远离恶法,誓不更造,勤修圣道,誓不退惰,誓成正觉,誓度众生……

诵经过后,她开始整理佛学文稿,编撰以欧美佛学动态为主要内容的专著《欧美之光》,心境一片宁静祥和。

有朋友来电,她接听,听到一半,电话便从手中脱落。

这世上,什么都没有改变,却突然变得无比空旷、异样的寂静。

那一刻的心痛,裹着飓风般的狂乱,让她僵怔半晌。她站在那里,记起最后相见的那个冬夜,那串默然来、又默然离开的脚印,眼前

257

瞬间风啸雪舞……

眼眶潮热，吕碧城蹙眉凝思良久，抬眼远望，明亮的阳光晃疼了眼睛，酸涩得止不住眼泪，她轻轻叹息，仰起脸，闭上双眼……

黑暗中，她听到花谢的声音，从青春的枝头簌簌落下，在岁月的长河中打着旋儿，从她幼时的花园，一路辗转，终是流落到异国他乡的现在，沿途陪她一起悲喜的人，英敛之、大姐、袁克文……至此，都已谢落了生命的芬芳。

睁开眼睛，泪水已逆流入心。

她拾起笔来，专心撰文。她心中有爱，大爱、博爱，她爱天下苍生，她要用她的文字，将这博爱的种子撒进每一颗蒙昧的心灵，她要尽一己之力，告诉世人，众生平等，自爱、互爱，慈悲为怀、护生戒杀。

她将以此后绵长的岁月，为生者祈福，为逝者超度，她要让生命在无悔中度过，她要将撒播光明、仁善之光的佛法推而广之。

愿这世上，所有的战争都平息，所有的痛苦都消散；

愿这世上，有情人终成眷属，兄友弟恭、夫义妇顺、父慈子孝……

《欧美之光》中收的文章有《伦敦佛学会举行年会会记》、《英国佛学会略史》等关于欧美佛教动态方面的文章，有《各国素食大会名目地址表》、《海外素食谈》、《呼吁已死之良心》等提倡素食的文章，还有《美国动物节》、《动物之福音》、《印度因果轮回社来稿》等保护动物方面的文章，并配有许多珍贵的图片。

这本图文并茂的书由上海佛学书局出版发行，拓宽了国人了解欧美佛学的视野,在中国的佛教界产生了深远影响。随后,吕碧城开始投入到《法华经》的翻译中,从英文到中文,她逐字逐句地斟酌,力求最贴切准确的转译。

寒来暑往,不觉一年光阴又已流逝。

《法华经》终于翻译完,这部被誉为"经中之王"的名典,由许多个生动形象的故事组成,通过故事蕴含、说明深刻的佛法妙义,深入浅出,简明易懂,它的中文译本出版,对中国佛教的发展意义重大,并对哲学和文学艺术也产生了一定的影响。

吕碧城惜时如金,笔耕不辍,又开始了《阿弥陀经》的翻译。

《阿弥陀经》描述了释迦牟尼与长老舍利弗等十六位大弟子及文殊等大菩萨以及诸多佛弟子讲说的佛经,经文的内容详细地介绍西方极乐世界、依报世界和正报世界的种种情况,劝导众生信仰佛法,一心念佛发愿求生西方极乐净土。

吕碧城一面翻译,一面感悟佛法佛理,深得其中精髓。

在翻译佛法经典的同时,吕碧城常为自己茅塞顿开而欣喜,为表达自己学有所得的快乐,她写下了《夜飞鹊》、《波罗门引》、《绕佛阁》、《隔浦莲近》等诸多与参法悟道有关的词诗,其中有许多意境清幽静美的诗句,令人读来余香绕口、心安神定。

……阿罗汉果,证无生、只有忘筌。似蝶衣轻褪,金针自度,小试初禅。

……神山引凤,不空尽、泥犁功不成。申旧誓、水渺渺平。

……第一法轮转，记取金身辞雪。刹海涌莲，当筵难共见。算首出群经，北拱星灿，梵音沉远。同上乘摩诃，谁空膺选……

……跏趺渐定，禅观十六参遍。素襟如水，冷入莲裳秋袂。华藏庄严是信愿。非幻。缘房珠证圆满。

……凝眸。凭认取、新痕旧愁，慧剑为君解。越纲拗丝，吴蚕穿茧，小试法身无碍。已闻宙光飞练，还眩神光飞彩。指归路，在明通一色，庄严金界。

由浅入深地参悟佛法，吕碧城日臻妙境，她流连于山水之间，将满怀的愁绪寄于笔墨，写景抒怀、参禅悟道，为中国佛教发展尽心竭力，而她写下的诸多诗词，也因极高的艺术价值而倍受推崇。诗人易实甫称赞她说："其所为诗文见解之高，才笔之艳，皆非寻常操觚家所有也。"疆村弟子林鹍翔称誉她的词作为"三百年来第一人"。

道力有限，愿力无穷。吕碧城护生戒杀的愿望、皈依佛门普度众生的作为，感化着无数渴望自由、和平、平等与光明的人，世界各国越来越多的人发出呼唤和平的心声。

可是，战争仍然在肆虐。罪大恶极的法西斯侵略者，为了他们少数人的利益而屡屡发动大规模的侵略战争，而武器的不断改进、战争的不断升级，给各国人民带来可怕的灾难。

在中国，1931 年 9 月 18 日，日本关东军炸毁沈阳附近柳条沟的南满铁路路轨，并诬陷是中国军队所为，并以此为借口，强攻沈阳，制造了震惊中外的九一八事变。随后,日本大肆入侵中国国土,烧杀抢掠、恶贯满盈。

九一八事变后,已大权在握的蒋介石竟然命令张学良采取不抵抗政策,致使东北三省迅速沦陷敌手。日军在几天时间内,便控制了整个东北地区,对东三省的百姓进行惨绝人寰的屠杀……

蒋介石对此竟然熟视无睹,却对国内手无寸铁请愿抗日的学生进行血腥镇压,这样无耻的行径激起了全国人民的愤慨,各地学生和爱国群众纷纷举行抗议活动,掀起反对内战、要求抗日的高潮。

1932年,日本关东军在上海制造了一·二八事变,大肆屠杀国人。蒋介石却仍主张"攘外必先安内",采取不抵抗政策,并与日本签订了《淞沪停战协定》,承认日本在上海的驻军权。这期间,日本关东军在东北策划的傀儡政府——伪满洲国在长春建立,对东三省进行全面的控制。

日军已是大兵压境,蒋介石不顺应国人意愿抗日,竟然对日军入侵一再忍让,却仍不放弃对共产党的围剿。共产党粉碎了国民党的四次围剿,迅速发展壮大,带领革命军民艰苦抗日,保家卫国……

外敌入侵,同胞相残,国家危在旦夕。当国内的朋友写信把这些消息告诉吕碧城,她的心在痛苦中战栗,她痛恨日本帝国主义的侵略,痛恨国民政府当局姑息养奸、残杀同胞的所作所为,她痛恨战争、痛惜国人。她泣涕盈襟,写下满腔怨愤和思乡之情:

十年迁客沧波外,孤云心事谁省? 兰成词赋已无多,觉首丘期近。望故国、兵尘正警。幽栖忍说山林稳。听夜语胡沙,似暗和,长安乱叶,远递霜讯。

不分红海归来,朱颜转逝,驻景孤负明镜。但赢岩雪减秋寒,上茂陵丝鬓。算一样、邯郸梦醒。生憎多事游仙枕。指骒亭,无归路,马首云横,锁蓝关暝。

心系故国,幽居于蒙特勒雪山之中的吕碧城忧心如焚,她看着案上一本本厚厚的佛经译本,《观无量寿佛经释论》、《观音圣感录》、《阿弥陀经译英》……她多么希望,发起战争的政治家们能放下屠刀,不再残杀同类;她多么希望,中国早日结束内战,把日军驱逐出境,早日实现和平统一。

可是,这些美好的愿望,那样飘摇无期,世界各处都饱经战争的肆虐,每一次枪声响起,都有血肉之躯倒下,每一次战争结束,都有无数家庭家破人亡……

吕碧城终日祷告,在蒙特勒寒冷的冬季,伴着漫山遍野的飞雪,送走一个又一个黑夜,迎来一个又一个黎明,望向东方,朝阳升起的地方,隔着千山万水,那里有她深深思念的祖国和同胞……

遁世求志

1933 年,吕碧城从瑞士回到阔别已久的上海。

故国依然兵连祸结、内忧外患,而它的一草一木都是那般亲切可爱。吕碧城与李经纬、叶恭绰等友人一起积极倡导护生戒杀,宣扬佛理,呼吁和平。

可是,日军帝国主义侵略中国的野心越发猖獗。这年 1 月 1 日,日军进犯山海关,中国守军何柱国部奋起抵抗,长城抗战自此拉开序幕。日军改向热河进攻,侵占热河后,继续向长城一线进犯并得逞,于 5 月 31 日胁迫中方签订了《塘沽协定》,中方默认了日本对东三省和热河的占领,承认冀东为非武装区,中国军队不能驻守,致使华北门户洞开,日军随时可以进犯冀察、直取平津……

蒋介石抗日不力,却在 9 月调集百万军队,向共产党领导的中央革命根据地发动第五次军事"围剿",采用"层层筑堡、逐步推进"的方法,妄图将共产党一举剿灭⋯⋯

国内文坛也不太平,一场关于"京派"和"海派"的论争在《大公报》上喧嚣尘上。沈从文等京派把海派定义为"名士才情"加"商业竞卖",而上海作家们对京派"遗老气、绅士气、古物商人气"进行讥讽,两方口诛笔伐,你来我往,争执不下。

这边文斗不止,那边武战升级。蒋介石的第五次"围剿"迫使红军主力开始长征。蒋介石命令国民党对红军围追堵截,双方展开殊死决战,均死伤惨重。红军突破湘江防线,一面与国民党周旋,一面顽强抗日。

日本人通过在东三省的"满洲帝国",加快推进军事专政、经济掠夺、文化奴役和移民侵略,实行极其残忍野蛮的殖民统治,给东北人民带来深重的灾难,国人安危得不到丝毫保障⋯⋯

到了1935年,日本为了加快对中国的侵占,人面兽心地宣扬"中日亲善、经济提携"等对华方针,借以迷惑蒋介石政府和国人;随后5月,日本借口中方破坏了《塘沽协定》,向中国提出取得对华北统治权的无理要求,诱迫国民政府签订了《秦土协定》和《何梅协定》,使国民政府失去了河北、察哈尔两省的大部分主权;接着,日本又积极策划河北、山东、山西、察哈尔、绥远五省的"自治运动"⋯⋯

国难当头之际,无数爱国志士奋起保卫国家。

八章
赎度护生结善缘

……听着！朋友！母亲躲到一边去哭泣了，哭得伤心得很呀！她似乎在骂着："难道我四万万的孩子，都是白生了吗？难道他们真像着了魔的狮子，一天到晚的睡不醒吗？难道他们不知道自己伟大的团结力量，去与残害母亲、剥削母亲的敌人斗争吗？难道他们不想将母亲从敌人手里救出来，把母亲也装饰起来，成为世界上一个最出色、最美丽、最令人尊敬的母亲吗？"

这是共产党人方志敏在狱中写下的《可爱的中国》里的话，这深情而愤慨的声音回响在中国大地上，激起爱国志士前赴后继地抗日救国。

这年12月9日，北平6000多名学生在新华门前举行集会和示威游行，发出"反对华北自治"、"停止内战，一致对日"的呼声。在一二·九运动的推动下，全国各界纷纷建立救国会，形成了全国人民抗日救亡运动的新高潮，全国各地的大学生纷纷振臂高呼，发出挽救国家和民族的宣言。

亲爱的全国同胞，中国民族的危机，已到最后五分钟。我们，窒息在古文化城里上着最后一课的青年，实已切身感受到难堪的亡国惨痛。疮痛的经验教训了我们：在目前，"安心读书"只是一帖安眠药，我们决不盲然地服下这济毒药；为了民族，我们愿意暂时丢开书本，尽力之所及，为国家民族做一点实际工作。我们要高振血喉，向全国民众大声疾呼：中国是全国民众的中国，全国民众，人人都应负起保卫中国民族的责任！……起来吧，亡国奴前夕的全国同胞！中国是没有几个华北和东北，是经不起几回"退让"和"屈服"的……

这是清华大学生们在一二·九运动中的宣言，这愤怒的声音如雷电般震响回旋在天地间，让国民政府心惊，让日本帝国主义心虚，让无数爱国志士热血沸腾……

枪声、吼声，声声入耳，吕碧城每每彻夜难眠。

她所在的上海，正是兵家必争之地。10年前，她看到的是战乱和痛苦；10年后，她看到的仍然是战乱和痛苦。而她，已是年近五旬，朱颜不再，有心报国也已力不从心。

吕碧城椎心泣血，把满腔爱国之情倾注于对佛学的钻研，哪怕能感化一个统治者，能超度一个苦难的国人，她也以全身心的虔诚投入其中。

在翻译完《阿弥陀经》和《法华经·普门行愿品补佚》两部经典后，吕碧城又着手《无量寿经》、《观无量寿经》的学习与研读。她已把钻研佛法、传播佛学当成责无旁贷的使命，希望像前辈译经家鸠摩罗什、真谛、玄奘那样，用佛学明志静心，摆脱生世的苦难，成全功德，共建和平盛世。

吕碧城为此惜时如金，她不再如年轻时那般爱交际，也极少出门，她闭门谢客，专心翻译佛经。

可是，她的身体状况却越来越差，她意识到自己的人生光阴所剩无几。为了有更多时间参禅悟道，她一度放弃了她最爱的诗词。她说："慨夫浮生有限，学道未成，移情夺境，以词为最。风皱池水，狎而玩之，终必沉溺，凛乎其不可留也！"

由此可见，她把对和平的祈愿、对祖国的热爱尽数寄托于佛经的翻译，当她逐字逐句地写下《观无量寿经》中的三福十六观时，她的眼前，浮现出经文描绘的美好境界：

三福：一、孝养父母，奉事师长，慈心不杀，修十善业；二、受持三皈，具足众戒，不犯威仪；三、发菩提心，深信因果，读诵大乘，劝进行者。

十六观："日想"西方，名初观；次作"水想"，名第二观；见极乐国地，是为"地想"……

为了清心寡欲、遁世求志，吕碧城在香港山光道购置了一处寓所，环境幽雅僻静。她每天伴着晨钟暮鼓，在青灯黄卷中，感受着佛学大生命超然的智慧和宽博的慈悲，为实现心中的理想而勤于笔墨。当她新的译稿再次画上句号的时候，窗外，已是转年的秋天。

常常，觉得时间快得令人不可思议。

似乎，前时抬眼，外面还是花红柳绿的阳春三月，只一低头间，已过了一轮的春夏秋冬。吕碧城有些恍惚地看着窗外，怅然长叹。一闪眼,她看到案前堆积如山的信笺,那是她忙碌多日无暇顾及的来信。随手展开几封,多是美国《蔬食月刊》主笔奥尔伯特夫人的来信。她每封来信都滔滔数语,并不因吕碧城无暇回信而冷漠,她在信中热情洋溢地谈生活和理想,谈她护生戒杀的新主张和举措……可是,这一切鲜活的语言却在吕碧城新展开的信笺上,变成了一声惊叹——这一封信,竟然是奥尔伯特夫人逝世的讣告!

这世上,很多事,错过了,就再也没有机会重来;有些情,错过了,就再也没有机会弥补。

吕碧城愕然地看着这一纸讣告,回想着前面那些信笺里美好的语句,为失去这样一位友人而怆然泪下,她甚至没来得及给她写封回信,也没有机会再向她志同道合的奥尔伯特夫人解释不回信的原因。她不敢想,在她的朋友闭上眼睛的那一刻,有没有怪她的薄冷。

吕碧城心情沉重地拆看着剩下的信笺。令她万万没有想到的是,她另一位英国友人福华德氏也已撒手人寰。福华德氏临死之前,给吕碧城寄来装帧精美的护生新作,信中多有对吕碧城的挂念与祝福……

一阵风过,枫林簌簌作响,数枚五指的枫叶飘离了枝头,如蝶飞落。吕碧城怔怔地看着,似听到生命戛然而止的叹息。

吕碧城颤抖着双手,忍住满心悲痛,工工整整把信折起,珍藏。这些信,带着朋友们的温暖和心愿,已成绝笔,她再也听不到他们的声音,看不到他们充满爱与光明的目光,而她将在他们的温暖中,继续未完成的事业,去实现他们未了的心愿……

清明时节雨纷纷,路上行人欲断魂。

很久没去给母亲扫墓了。这些年,她在国外,每到母亲的忌日,都会面向东方,为母亲焚香祈福。现在,她终于可以站在母亲的坟墓旁,坟墓周围已是荒草萋萋。

前时,都是大姐和她一起来给母亲扫墓,可现在,只有她一个人来。

她在这世上,只有二姐一个亲人了。可她早已和二姐恩断义绝,她不能原谅她在大姐临死前和死后的所作所为。一个对亲姐妹都薄情寡义的人,是不值得惦念的。

吕碧城跪在母亲的墓碑前,想忆前尘往事,只觉得流年如梦。苍松无语,春雨如诉,她悲从中来,洒泪沉吟:

莫问金张全盛际,可怜愁里年华。谢堂飞燕已天涯。前尘原噩梦,身世比抟沙。

回首乡园歌哭地,颓垣断井横斜。素云连苑锁梨花。当时明月在,曾照故侯家。

祭奠完母亲,吕碧城离开上海,去往南京。途经苏州,她想起昔日词友费树蔚,便前去探望。

哪知,当她找上门去时,却被告知费树蔚也早在前一年就已经病逝。

又一位好友故去了。这世上,所有的一切都似乎没有什么改变,花还是春开秋谢,斗转星移间,战乱纷纭不肯消歇,可人却在不知不觉中老去了。昔日风华正茂、指点江山的好友,都在悄然间与世长辞,英敛之、袁克文、费树蔚……他们带着对她的关爱永远地离开了她,而她,在这世上,还有几年?

高堂明镜悲白发,朝如青丝暮成霜。

那年,费树蔚提议她出国游学,给她写了《送碧城之美国》。那首诗,她一直都记得清:

> 吹云和笙董双成耶? 跟远游履褚三清耶?
>
> 霓裳独舞赵云容耶? 玉鞭一住李腾空耶?
>
> 子今告我适异国,仙乎仙乎留不得。
>
> 此心久逐沧溟云,世人那得知其故。
>
> 凤城歌浦感苍凉,车鸣枕中梦不长。
>
> 戒坛昨夕微风举,大横庚庚画沙语。
>
> 是谁认得凌波痕,佥名凤纸双温馨。
>
> 旧时仙侣若相忆,雪中小点惊鸿迹。
>
> 况我痴骨非仙人,惜子之云子莫嗔。
>
> 天涯处处花开落,去住飘然莫泥著。
>
> 送子为天河浣沙之行,赠子以阳关咽笛之声。
>
> 鹤书早寄珍珠字,百年会有相逢地。

"鹤书早寄珍珠字,百年会有相逢地。"可惜今已生死别,相逢地
成伤心地。

人到老年,最残忍的事莫过于看着同龄的友人们一个个撒手人
寰。吕碧城哀伤地转身离去,她不敢回头,过往的年华是一张多情到
极致、又无情到极致的网,罩着她踉跄的脚步,让她走不出伤感的
阴霾。

> 十载重来,瞻前游如梦,怳然辽鹤。 凄入夕阳,依稀那时池
> 阁。 人间换劫秋风,催革谱金荃零落。 忆分题步韵,惊才犹昨。
> 横海锦书绝,衮山阳怨笛,旧情能说。 甚驿使,传雁讯,暮逢
> 南陌。 长思挂剑延陵,俪素心、逝川容托。 凝默。 啸寒岩、万楸
> 苍飒。

感怀故友,吕碧城写下这首《惜秋华》。凝眸提笔间,亲朋好友的
音容笑貌清晰如昨,那些个阳光明媚的日子似乎就在昨天,她曾与他
们一起赏山游水,一起论诗作画,一起为理想而努力奔走⋯⋯都过去
了,而现在的,未来的,一切都会过去。

吕碧城回到香港,将这些年游居海外及回国后偶写的诗词整理
成册,命名为《晓珠词》,并倾情作序,交由书局影印出版。新书出版
后,吕碧城将新书赠予吴宓等好友,继续参禅悟道,翻译佛经。

时值 1936 年 10 月,伟大的思想家和文学家鲁迅在上海逝世,享

年 56 岁。鲁迅出殡时，自发送行的群众无以计数。在他的棺盖上，覆盖着"民族魂"白底黑字旗。当吕碧城在报纸上看到照片和新闻，感到十分震惊和痛惜。

运交华盖欲何求？　未敢翻身已碰头。

破帽遮颜过闹市，漏船载酒泛中流。

横眉冷对千夫指，俯首甘为孺子牛。

躲进小楼成一统，管他冬夏与春秋。

鲁迅的这首《自嘲》，吕碧城倒背如流。她虽然并未曾与鲁迅有所交往，却对这位伟大的思想家和文学家心怀无比敬仰之情。鲁迅一生以笔代刀，以犀利的笔锋，英勇无畏地剖析黑暗，引领民众追求光明、和平与自由，他是真正生得光荣、死得伟大的文学巨匠。

转眼到了 12 月。这月 12 日，身负国仇家恨的张学良不堪忍受蒋介石对日本的一再退让，以最极端的方式——兵谏，和杨虎城发动西安事变，并通告全国提出改组国民政府、停止内战、一致对外等主张。

24 日，蒋介石被迫放弃了"攘外必先安内"的方针，接受改组国民政府、接纳抗日人士、停止剿共、联合红军抗日等条件，中国旷日持久的内战终于告一段落，开始转向抗日民族战争。

吕碧城为国内停息内战而欢欣，她与所有爱国志士一样，盼望着国共两党能同心协力，祈愿国家早日驱除鞑虏，实现和平统一。

然而，丧心病狂的日军于 1937 年发动了七七事变，借口在卢沟桥进行军事演习时丢失了一名士兵，要求到宛平城内搜查。这一无理要求遭到中国守军拒绝，日军派兵包围宛平城，并加紧调兵到平津地区。7 月 28 日，日军向北平发起总攻，国民党第二十九军仓促应战，第二十九军副军长佟麟阁、师长赵登禹身先士卒、壮烈牺牲。次日，天津失陷。

我们希望和平而不求苟安，准备应战而决不求战。我们知道全国抗战以后之局势，就只有牺牲到底，无丝毫侥幸求免之理。如果战端一开，那就是地无分南北，年无分老幼，无论何人，皆有守土抗战之责任，皆应抱定牺牲一切之决心……

日寇大肆入侵，蒋介石通过广播和报纸发出全民皆兵、举国抗日的通告，中国抗日战争全面拉开。

1937 年 8 月，中日双方在淞沪之战中进行了激烈的血拼。11月，上海失陷。

吕碧城听闻上海失陷的消息后寝食难安，她深爱的祖国正遭受日寇的蹂躏，她无法不恨，无法不痛，她恨日本帝国主义的无耻和残暴行径，痛惜被大肆屠杀的同胞。已年老体衰的她，不忍卒听同胞死于屠刀下的呻吟，不忍看到祖国在战争中血流成河、哀鸿遍野的情景，她泪湿枕衾、悲难自抑。

忧愤之中，吕碧城不得不决定重返阿尔卑斯雪山。也许，只有在那片冰天雪地之中，她才能得以平静，才能将余生更好地投入到佛学的研究中。

蛮妆曾映樱云绚，雪山一卧朱颜变。红海十年归，相看身世非。归来临旧圃，荆棘仍如故。垂老复西征，沧波逝此生。

花外银屏闲倚，屏外银河千里。话清愁，伤往事，同憔悴。蓦地骊歌催起，人面渺关河，绿杨多。

人生易老，雄心难却，无奈现实如此残忍，吕碧城唯有去国离乡，才不致忧心至死。可这天下，何处是她心中的净土？

流年如梦

故国渐渐远去，直至再也听不到那可怕的枪炮声……

此次离开故国，完全是被逼无奈。她无法预料，就此一别，还能不能再回来，能不能在有生之年，看到国家抗战胜利、百废俱兴。吕碧城看着起伏的海浪，如老僧入定，可谁又能知，她心中其实正翻涌着惊涛骇浪。她悲怆地写道：

人影帘遮，香残灯炧，雨细风斜。

门掩春寒，云迷小梦，睡损梨花。

且消锦样年华，更莫问天涯水涯。

孔雀徘徊，杜鹃归去，我已无家。

"我已无家"……吕碧城怅然悲叹，回首往事，亲情疏淡、友情难续、爱情无着、事业多难、人生孤苦……而她一路走来，偏偏要活出自己的风骨和华彩。到现在，她自己都不知道，她这一生，是成是败？

古人有言："尽人事，听天命。"佛学亦说人各有命，又说时运心修。而那个御风而行、洒脱自在的列子，坚信命由天定，却也懂得谋事在人、成事在天的道理，可这两者，似乎本身就是互相矛盾的。

时至今日，吕碧城早已看尽世间百态，饱受沧桑的她知道，很多事，反复来去都有理，如果一定要矛盾相向，非要论个对错，无异于自寻烦恼。人对于自然，应该怀有敬畏之心，但亦不能屈服。对于战争，她万分憎恨，但她无力平息，她能做的，只是尽可能地安度余生，继续钻研和宣扬佛学。这一生，成也好，败也罢，她从来没有放弃努力，从来无愧于良知、无愧于自心，她尽心竭力地做了她想要做、应该做的事，这样，已经足够了。

原来，她这一生，求的，不过是"心安理得"四个字。

再次走进阿尔卑斯山，已是来年2月。

稍作休息，吕碧城穿上厚厚的棉衣，前去看望久别的席柏尔德女士。雍容华贵的席柏尔德女士也已白发苍苍，眉梢眼底都是深深的皱纹，可她的笑容总像阳光一般明媚，她热情地招待吕碧城，给她说这几年间发生的事。

自1929年起，西方资本主义世界经济危机不断蔓延，物价飞涨，货币贬值，人们生活困苦，社会矛盾激化。这几年，血腥的战争在世界各地肆虐：1933 年，德国希特勒上台，开始了恐怖的法西斯统治；1935 年，埃塞俄比亚反意大利侵略，开始了艰苦卓绝的民族解放战争；1936 年，西班牙也开始了反对法西斯侵略的战争……

壁炉里火烧得正旺，室内温暖如春，可吕碧城听到这些，只觉得寒意彻骨。

几年之间，战争疯狂地蔓延开，几乎遍布整个世界，战争与死亡的阴影笼罩着全人类，到处都有压迫和剥削，到处都有掠夺和杀戮，而侵略者与被侵略者，虽然种族、肤色、语言不同，但都是血肉之躯，人们生活在同一个地球上，共同创建人类文明，为什么非要自相残杀？吕碧城无法理解，为什么席柏尔德女士可以这般从容、淡定地谈论战争。

在信奉基督教的席柏尔德女士看来，战争是统治与被统治必不可少的产物，除非消除了贫富差距、消除了阶层差别，才可能停止战争，然而，那几乎是不可能的事。所以，她不必有悲天悯人的情怀。

可吕碧城做不到，她参禅修佛多年，到底无法把生死置之度外。她不明白，若连自己和同类的生死都不在意了，又何谈珍视与救赎？

谈话间，席柏尔德女士找出两份报纸递给吕碧城。是上海的《时报》，上面有关于南京的消息。在吕碧城离开故国后的一个月里，日军侵占南京后，开始了惨无人道的大屠杀……

从席柏尔德女士那里回来，一路上，山风呜咽，漫天飞雪，吕碧城一路蹒跚，不禁泪如雨下。

重回蒙特勒山村，终日与寒风为伴、雪峰为伍，吕碧城靠写诗词和坐禅译经打发时日，她害怕听到国内战争的消息，可又总忍不住去关注，她无法割舍对故国深沉的爱与思念。她就这般痛苦地辗转着，只觉得度日如年，她在诗中喟叹：

> 寥落天涯劫后身，一尘重返旧时村。
>
> 犹存野菊招彭泽，不见宫人送水云。
>
> 晴雪灿，冻波皱。夕阳鸦影画黄昏。
>
> 收将万变沧桑史。证与寒山独往人。

山间雪深冰滑，跬步难行。吕碧城常闷在屋子里，透过窗子，看外面林立的雪峰想心事。为了排遣忧国伤时的烦恼，她更加勤奋地写诗诵词和翻译佛经。

> 胡天岁暮。正千岩积雪，皑骈枯树。大野冥茫，险壁高低，十日都迷樵路。人踪寂灭笛声断，但晚踯、鸦争盟主。问阊风、紕马当年。继续霸才尘土。
>
> 帘卷西楼嫩舞，又云分绮缛，奇艳惊觑。一抹残阳，经遍瑶峰，塞上燕支应妒。春回黍谷知何限，暖不到、灵犀深处。印如烟、往事回环，销入冷灰檀炷。

一阕《疏影》写尽前缘后事，她将心情如窗外的积雪一般封冻，尽力不去触及心底尚未结痂的伤痛。她期盼着春日温暖的阳光早日驱除寒冷和黑暗,将光明带到世界的每个角落。她在夜以继日的忙碌中等待着、祈祷着,她以非凡的意志克服生活上的诸多不便、身体上的病痛和心灵上的痛苦,笔耕不辍。

国内的消息还是不断传来。到了 10 月,日军占领了广州,随后,日军攻占武汉。到 1939 年初,中国沦陷区面积达全国领土的 23%,并且多是中国经济最发达的地区。但日军也已经元气大伤,无力发动新的侵略,抗日战争进入相持阶段。

国共两党抓住这难得的时机,采取灵活的作战方针,连续发动有限度的攻势和反击,有效地牵制与消耗敌军;粉碎日军以华制华、以战养战的企图……

逆天而行的日军战线拉得太长,颓势已现,却仍然野心勃勃,又在 3 月攻陷南昌。可随后,国共抗日军队奋起杀敌,第一次长沙会战歼灭敌军 4 万余人,日军大败而逃。随后的昆仑关大捷、冬季大反攻,都打得日军叫苦连天,全民抗战的凝聚力已形成,日军昔日嚣张的气焰已一去不返。

最危险的时候往往孕育着新的希望。报纸上时常有捷报传来,吕碧城备感振奋。

当迟来的春风吹进白雪皑皑的山谷,吕碧城也已完成《观无量寿佛经》的翻译和《净土纲要》的写作。随后,她即开始了《观经释论》的创作。在这期间,她还给海内外各地杂志撰稿,致力于佛法护生戒杀的宣传。

然而,就在吕碧城准备倾力创作《观经释论》时,第二次世界大战爆发,欧洲到处硝烟弥漫,战况愈演愈烈。

法西斯帝国主义高举着死神血腥的旗帜,到处横行霸道。每天,在全国各地的报纸上,都是关于各种战役及死伤人数等情况的报道。随着战况升级,邮路中断,信息阻塞,吕碧城写的信无法寄出,也难以收到外面的消息。一时间,她真的与世隔绝般羁居异邦,在惶恐与忧虑中饱受煎熬。

德军入侵波兰后,英法两国向德国宣战,战争很快波及瑞士,吕碧城所在的阿尔卑斯蒙特勒,也不复往日宁静,粮蔬无着、人心惶惶。在朋友们的帮助下,她不得不打点行囊,从美洲返至新加坡,然后辗转泰国回到香港……

再回香港,已是 1940 年的秋天。

芦花翻白,枫叶飘红,怡人的秋色却因战争的阴影而泛着刀光剑影,惊心泣血。

这年,日本为摧毁蒋介石政府的抗战意志,对以重庆为中心的西南根据地发动了为期半年的轰炸,仅 6 月份,日军就出动飞机上千架次,对重庆进行了 20 余次的轰炸。随后,由彭德怀指挥的第十八集团军对华北日军打响了"百团大战",重创日军。

吕碧城回到香港的住所时,香港民众正因"百团大战"的胜利而欢欣鼓舞。然而不久,抗日战局稍稍稳定,国共间的矛盾又开始显现,彼此间摩擦不断。

转眼到了 1941 年 1 月，国民党发动了皖南事变，国共两党历时 7 天 7 夜的激战，9000 余人的新四军只剩 4000 余人突围，大部分新四军战士壮烈牺牲，军长叶挺被国民党上官云相扣留，副军长项英和参谋长周子昆被叛徒杀害，政治部主任袁国平牺牲。紧接着，蒋介石宣布新四军为"叛军"，取消番号，使国共两党抗日民族统一战线遭到极大伤害。

千古奇冤，江南一叶。

同室操戈，相煎何急。

重庆的《新华日报》上，周恩来手写的这首挽诗激起了国人的悲愤与声讨，国民党政府迫于民众压力，继续实行联共抗日政策。

3 月，日本伪军在华北发动治安强化运动，在非治安区内，以大部队扫荡为主，灭绝人性地实行"三光"政策；而在南方，汪精卫也根据日本的指令，开展针对国人的"清乡运动"。

面对敌人的疯狂反扑，国共两党先后在豫南战役、鄂北战役中收复南阳等失地，屡屡重创日军……

6 月 28 日，苏德战争爆发。

12 月 8 日，日本偷袭珍珠港，太平洋战争爆发，世界反法西斯战线形成。9 日，国民党正式宣布对日宣战。

而此时，年近六十、身患重病的吕碧城已迁居东莲觉苑，并坚持每天到颂恩堂为梵众上课一小时。

她授课的内容主要以中国文学史为主,结合朝代变迁讲解中国文学的代表人物及其代表作。她的课,语言准确流畅,亦庄亦谐,深受僧众喜爱,每每座无虚席。

吕碧城还把讲课的内容定名为《文学史纲》加以编著,并坚持完成了她唯一的佛教论著《观无寿量佛经释论》。除此之外,她还捐款给国内的赈灾机构,帮助抗战中流离失所的难民……

此时的吕碧城,已经对人生大彻大悟。她在《琼楼》中写道:

琼楼秋思入高寒,看尽苍冥意已阑;

棋罢忘言谁胜负,梦余无迹认悲欢。

金轮转劫知难尽,碧海量愁未觉宽;

欲拟骚词赋天问,万灵凄恻绕吟坛。

诗意纵横,天广地阔,荣辱兼忘,无谓生死。棋罢指冷,茶禅一味,随缘任化,返璞归真。一切,随其自然罢……

她每天清清爽爽地出门,有条不紊地上课、写作,她虔心向佛,常与道友们切磋佛理,她坚信善有善报、恶有恶报,并因充满光明的信念而心境平和。

1942年底,吕碧城因偶感风寒而旧疾复发。她自知不久于人世,立下遗嘱,逐一交待处理后事,将自己在美国纽约、旧金山以及上海麦加利银行的存款共20余万港元悉数提取,用于弘扬佛法护生等慈善事业,并嘱托好友将其"遗体火化,把骨灰和面成丸,抛入海中,供鱼吞食"。

临去前,吕碧城向好友赠送专著与手绘普贤菩萨像图片,与好友们一一道别。安排好一切,她已重病难起,躺在床上,神智却一片清明。她记起,母亲前时送她第一次出国游学时,曾请人占卜一卦,得签:

君才一等本如人,况又存心克体仁。倘是遭逢得意后,莫将伪气失天真。

她恬静地微笑,她这一生,从来没有失却"天真"二字,她善良的天性,一直遵从真淳质朴的内心,去做她想做的事,做她想做的人。她记得那年那天,她在门前的花树下,仰着脸对慈爱的父亲说这样的话时的情境,那时,风轻轻的,花香在空气里飘溢……

吕碧城闭上眼睛,前尘往事在脑海里变成无数的光影,聚来又散去,她记起她曾与印光法师的问答:

或曰:子何所见而知人有灵魂?

答曰:人为万物之灵,而谓无魂,是自侪冥顽动物也。谓地球外无他星球,谓物质外无灵界,真宰造物讵能如是简单?英儒斯宾塞尔有言:科学愈发明,令人愈惊造物之巧而知神之不可诬。

或曰:假定人有灵魂,又何知善者超度恶者沉沦?

答曰:无他,此因果自然之律耳。善者身泰心安,死后灵魂清轻：恶者行丑德秽，死后灵魂重滞，灵界安能无泾渭之分而同流合污哉？

　　假如，人真有灵魂，她愿，她死后，她的灵魂得善报且福泽后世……冥想间，父亲、母亲、大姐与小妹，都那般鲜活地浮现在脑际，她孤苦的心感到前所未有的安宁幸福……

　　那一日清晨，吕碧城勉强披衣而起，写下她此生最后一首诗：

护首探花亦可哀，平生功绩忍重埋。

匆匆说法谈经后，我到人间只此回。

　　诗意轻灵、悠远、恬淡、从容，她向世界做最后的告白。20 天后，时年 61 岁的吕碧城在香港九龙与世长辞……

图书在版编目（CIP）数据

我到人间只此回:绝代民国剩女吕碧城／一翎著.
—杭州：浙江大学出版社，2014.9
　ISBN 978-7-308-13810-9

　Ⅰ．①我… Ⅱ．①一… Ⅲ．①吕碧城（1884～1943）
—传记 Ⅳ．①K825.6

　中国版本图书馆CIP数据核字（2014）第206508号

我到人间只此回——绝代民国剩女吕碧城

一　翎　著

责任编辑　葛玉丹
封面设计　北京春天书装工作室
出版发行　浙江大学出版社
　　　　　（杭州市天目山路148号　邮政编码310007）
　　　　　（网址：http://www.zjupress.com）
排　　版　杭州中大图文设计有限公司
印　　刷　浙江印刷集团有限公司
开　　本　880mm×1230mm　1/32
印　　张　9.125
字　　数　185千
版　　次　2014年9月第1版　2014年9月第1次印刷
书　　号　ISBN 978-7-308-13810-9
定　　价　32.00元